SingLiesel

MIX
Papier aus verantwortungsvollen Quellen
FSC® C014138
www.fsc.org

Satz: Martin Janz, Freiburg i.Br.
Umschlaggestaltung: Martin Janz, Freiburg i.Br.
Druck: FINIDR, Czech Republic

ISBN 978-3-948106-65-2

www.singliesel.de

Bildnachweise: shutterstock.com; Mohnblumen S. 86 © Oliver Szell

Alle Kurzaktivierungen in diesem Buch sind aus der Praxis entstanden und vielfach erprobt. Bitte vergessen Sie nicht, dass jeder Mensch seine spezielle Tagesform und seine einzigartige Biografie mitbringt, die Sie berücksichtigen müssen. Nicht jede Übung oder jedes Spiel passt für jeden. Die Autorinnen und der Verlag haften nicht für etwaige Personen- oder Sachschäden.

Natali Mallek | Annika Schneider

Kurzaktivierungen ohne Material

Last-Minute-Ideen für den Sommer

Inhalt

Einleitung

Der Duft von Sonnencreme und das üppige Grün einer Sommerwiese lassen ein Gefühl der Wärme in uns entstehen und unsere Gedanken schweifen zurück zu herrlichen Sommertagen. In diesen Kurzaktivierungen stellen wir 30 Sommerthemen vor, die diese wunderschöne Jahreszeit greifbar und erlebbar machen. Sie erzählen von saftigen Melonen, Bootsfahrten und Erfrischung im kühlen Nass. Es geht um die Dinge, die im Sommer dafür sorgen, dass unser Mund lächelt und unsere Augen funkeln.

Kurze Begegnungen für mehr Lebensqualität

Manchmal ist im Arbeitsalltag nur wenig Zeit für den persönlichen Kontakt und es ist eine große Herausforderung, diesen sinnvoll für die Begegnung auf Augenhöhe zu nutzen. Unsere Ideen zeigen Ihnen, wie Sie auch kurze Begegnungen zum Beziehungsaufbau nutzen können. Auf der Grundlage von Empathie und Verständnis möchten wir Ihnen helfen, Momente zu schaffen, die die Lebensqualität steigern.

Dabei haben wir die Bücher dieser Reihe bewusst so aufgebaut, dass Sie kein zusätzliches Material brauchen, um in die Begegnung zu gehen. Alle Ideen sind abwandelbar und können mit etwas Fingerspitzengefühl an die Bedürfnisse der Menschen, denen Sie begegnen, angepasst werden.

Die Bedeutung von Jahreszeiten für Menschen mit Demenz

Die Jahreszeiten sind die Uhr der Natur und sie durchdringen und beeinflussen das menschliche Leben auf vielen Ebenen. Von unserer Ernährung und unserem körperlichen und seelischen Wohlbefinden über unsere Aktivitäten in Haus und Garten oder in der Freizeit bis hin zu kulturellen Festivitäten – die Jahreszeiten spielen eine komplexe Rolle.

Vertrautheit, Sicherheit und Struktur. Durch ihre Vertrautheit geben uns die Jahreszeiten Sicherheit und Struktur und helfen uns bei der zeitlichen Orientierung. Diese Eigenschaften machen sie in der Arbeit mit Menschen mit Demenz als Bezugspunkt so wertvoll. Wenn die eigene Orientierungsfähigkeit schwindet, können die Routinen der Jahreszeiten einen Ankerpunkt bilden und ein wenig Ordnung in die innere Unruhe bringen.

Erlebnisse für alle Sinne. Jede Jahreszeit ist mit besonderen Erlebnissen für die Sinne verbunden. Wenn wir an den Sommer denken, spüren wir die warmen Sonnenstrahlen auf der Haut, während der Gedanke an den Winter uns vielleicht den Klang eines prasselnden Kaminfeuers hören lässt. Im Frühling riechen wir den Duft frischer Blumen und das Wort „Herbst“ reicht aus, um Erinnerungen an bunte Blätter und Kastanienmännchen aufsteigen zu lassen.

Erinnerungen und Verbindung. Die Erinnerungen, die wir mit den Jahreszeiten verbinden, sind tief in unserem Langzeitgedächtnis verankert. Bei Menschen, die in einem ähnlichen Kulturkreis und unter ähnlichen klimatischen Bedingungen leben und gelebt haben, gibt es im Erleben der Jahreszeiten und im Erinnerungsspektrum viele Gemeinsamkeiten. Ein Blick auf die Gemeinsamkeiten stärkt die Verbindung zu anderen Menschen und kann neue Brücken im Miteinander bauen und das Gemeinschaftsgefühl stärken.

Aufbau der Kurzaktivierungen

Die Kurzaktivierungen bzw. Kurzbegegnungen zu den vier Jahreszeiten sind immer gleich aufgebaut. Dadurch schaffen Sie in Ihrer Arbeit einen ritualisierten Ablauf und nutzen die Struktur, um Vertrauen zu stärken und Sicherheit zu schenken. Wie bei allen Anregungen, die wir entwickeln, handelt es sich um Vorschläge, die mit Empathie und Einfühlungsvermögen an die individuellen Menschen, mit denen Sie arbeiten, angepasst werden müssen und sollen. Auch wenn sich Krankheitsbilder und Ressourcen oft ähneln, sind die Situation, die Tagesstimmung und individuelle Faktoren immer wieder neu. Scheuen Sie sich also nicht davor, von den Vorschlägen abzuweichen und diejenigen Anregungen herauszugreifen, die für Sie, die Menschen, mit denen Sie arbeiten, und die Situation passen.

Die Haltung

Die Kurzbegegnung ist eine wunderbare Möglichkeit, mit den Menschen in Kontakt zu kommen. Dieses In-Kontakt-Kommen, die Begegnung auf Augenhöhe und das Miteinander, ist auch das Hauptziel der Kurzaktivierungen, die wir in diesem Buch vorstellen. Durch gemeinsam verbrachte Zeit und geteilte Erinnerungen ist es möglich, die Beziehung zu stärken. In der Hektik des Alltags die richtige Haltung einzunehmen und aufrechtzuhalten, kann anstrengend sein. In der Praxis ist es daher hilfreich, sich die Grundpfeiler einer vertrauensbildenden, annehmenden Haltung bewusst zu machen.

Respekt hilft uns, die persönlichen Ressourcen und Lebensleistungen der Menschen zu sehen und persönliche Grenzen zu respektieren. Bei einer Kurzbegegnung handelt es sich immer nur um ein Angebot und Angebote können auch abgelehnt werden. Professionalität hilft uns, die Reaktionen der Menschen richtig einzuordnen.

Einfühlungsvermögen brauchen wir, um die Perspektive der Menschen einzunehmen, mit denen wir arbeiten. Manche können sich verbal gut mitteilen, bei anderen sind wir allein auf unsere Beobachtungsgabe angewiesen. Hilfreich ist es, wenn wir unsere Wahrnehmungen auch mit den Kolleginnen und Kollegen besprechen, denn mehrere Perspektiven ermöglichen einen ganzheitlicheren Blick.

Geduld ist ein integraler Bestandteil bei der Arbeit mit Menschen. Wenn wir mit pflegebedürftigen Menschen und Menschen mit demenziellen Erkrankungen arbeiten, wird sie noch wichtiger. Nur wenn wir unserem Gegenüber ausreichend Zeit geben, Reize wahrzunehmen und darauf zu reagieren, können wir ein Gefühl dafür entwickeln, was wir mit unserem Angebot erreichen.

Das Zeitmanagement

In der Praxis ist der Grund für eine Kurzaktivierung häufig, dass eine Einzelbetreuung noch „erledigt" werden muss und vom Arbeitstag nicht mehr viel übrig ist. Das ist völlig verständlich und ein durchaus legitimer Grund, eine kurze Begegnung durchzuführen. Trotzdem ist es in der Praxis schwieriger, die zuvor beschriebene Haltung einzunehmen und sich selbst und dem Menschen, mit dem man arbeitet, genug Raum zu geben, wenn die Kurzbegegnung ungeplant unter Zeitdruck stattfindet. Wir möchten aus diesem Grund ein starkes Plädoyer dafürhalten, auch Kurzbegegnungen zu planen und die dafür benötigte Zeit realistisch einzuschätzen. Wenn Sie beispielsweise in einer Einrichtung der Altenhilfe arbeiten, bieten Sie die Kurzaktivierung meistens nicht nur einem Menschen an. Außerdem benötigen Sie hinterher auch noch Zeit, um die durchgeführte Begegnung zu dokumentieren. Mit einer Planung, die diese Punkte berücksichtigt, sind Sie in der Kurzbegegnung entspannter, und das kommt sowohl Ihnen zugute als auch den Menschen, mit denen Sie arbeiten.

Der Ablauf

Die Ideen für die kurzen Begegnungen in diesem Buch können sowohl für Einzelbegegnungen als auch in der Gruppe genutzt werden. Sollte an irgendeiner Stelle der Umsetzung das Gespräch einfach locker fließen und die Kommunikation von Mensch zu Mensch entspannt ohne weitere Anregungen auskommen: Perfekt!

Verzichten Sie auf weiteren Input und lassen Sie es fließen. Sollte dies nicht der Fall sein, nehmen Sie sich so viele der Anregungen heraus wie nötig, um eine angenehme Atmosphäre zu schaffen.

Vermeiden Sie Überforderung

Achten Sie dabei unbedingt darauf, Überforderung zu vermeiden. Lesen Sie sich dafür die Anregungen im besten Fall vor der Durchführung einmal durch. Besonders bei neurodegenerativen Erkrankungen kann es sein, dass einige Gesprächsimpulse oder Rätselideen zu komplex für die Teilnehmenden sind. Lassen Sie sie in diesem Fall einfach weg und konzentrieren Sie sich auf den Einsatz des Bildes, auf die Vorleseelemente, die Lieder und Gesprächsimpulse, die Sie für geeignet halten. Die Vorschläge für die Kurzbegegnungen umfassen jeweils sechs Kategorien. Sie beginnen mit einem Bild, an das sich eine kurze Erzählung anschließt. Es geht weiter mit Fragen, mit denen Sie Gesprächsimpulse setzen können, interessanten Fakten, die ebenfalls die Entwicklung einer Unterhaltung unterstützen können, und Rätselideen, mit denen die grauen Zellen ein bisschen in Schwung kommen. Bei allen Themen finden Sie unter „Das passt noch" weitere Ideen zum Vorlesen oder auch das ein oder andere Lied, das angestimmt werden kann.

Bilder

Mit den Bildern schaffen Sie einen gelungenen Einstieg in die vorgeschlagenen Themen. Die Abbildungen sind besonders groß, damit Menschen mit Sehbeeinträchtigungen sie möglichst gut wahrnehmen. Entscheiden Sie je nach Möglichkeiten und Ressourcen Ihres Gegenübers, wie Sie über das Bild sprechen. Sie haben zum Beispiel folgende Möglichkeiten:

- Fragen Sie, was die Teilnehmenden auf dem Bild sehen. Fragen Sie auch nach Einzelheiten und ob das Bild etwas Bekanntes darstellt.
- Fragen Sie, wann die Teilnehmenden das Abgebildete das letzte Mal gesehen haben. Fragen Sie auch nach persönlichen Empfindungen zu dem Bild.
- Wenn die Teilnehmenden das Bild nicht sehen können ODER wenig bis gar nicht sprechen, dann beschreiben Sie das Bild aus Ihrer Perspektive so genau wie möglich.

Kurze Geschichten

Die kleinen Erzählungen am Anfang sind bewusst positiv gehalten. Sie sind so konzipiert, dass sie Ruhe ausstrahlen und einen achtsamen Blick auf das Thema lenken. Die kleinen Geschichten können in der Praxis langsam vorgelesen werden. Sie bilden den Grundstein für vielfältige Gesprächsimpulse.

Gesprächsimpulse

Bei den Gesprächsimpulsen ist es besonders wichtig, dass Sie die Ideen auswählen, die für Ihr Gegenüber passend und angemessen sind. Die Fragen zu jedem Thema sind bewusst umfassend gewählt und unterscheiden sich in ihrer Komplexität stark. Nutzen Sie im Rahmen einer Kurzbegegnung nicht alle Gesprächsimpulse, sondern die, die am besten geeignet sind.
Achten Sie auch auf die Biografie der Teilnehmenden. Einige Fragen beziehen sich beispielsweise darauf, ob die Menschen etwas mit ihren Kindern gemacht haben. Wer keine Kinder hat, fühlt sich dann eher nicht angesprochen. Sie können diese Fragen daher bei Bedarf auch erweitern auf beispielsweise Nichten und Neffen.
Bei der Auswahl der Gesprächsimpulse sollten Sie die vorhandene Zeit genauso wie die kognitiven Möglichkeiten der Teilnehmenden und die emotionalen Befindlichkeiten im Blick behalten.
Der Umgang mit starken Emotionen kann in der Praxis eine große Herausforderung sein. Selbstverständlich haben wir die Themen und die damit verbundenen Gesprächsimpulse so gewählt, dass im Idealfall der Blick auf die positiven Aspekte des Seins und des Lebens gelenkt wird. Die persönlichen Erfahrungen von Menschen sind allerdings so unterschiedlich, dass es immer passieren kann, dass wir negative Erinnerungen wachrufen. Wichtig ist, dass wir die Menschen genau beobachten, es wahrnehmen, wenn das passiert, und begleiten, soweit es uns möglich ist und von den Menschen gewünscht wird. Was ein Mensch braucht, wenn er traurig, ängstlich oder wütend wird, ist individuell. Ein Gespräch, einen Spaziergang, eine warme Tasse Tee, eine Hand zum Halten oder auch Ruhe und Alleinsein sind einige Ideen, die helfen können.

Wussten Sie das?

Unter dieser Überschrift haben wir interessante Fakten zum Thema zusammengetragen. Einige sind bekannter als andere und manche laden zum Staunen ein.

Auch bei den Fakten in diesem Abschnitt lohnt es sich meist, nur ausgewählte vorzulesen. Wählen Sie immer unter dem Gesichtspunkt aus, was am ehesten für eine angenehme Atmosphäre sorgt und die Teilnehmenden zu eigenen Gesprächsbeiträgen ermuntert.

Rätselideen

Zu jedem Thema schlagen wir jeweils zwei Übungen vor, mit denen das Gehirn trainiert werden kann. Die Übungen variieren in der Schwierigkeit und decken die verschiedenen Ziele eines ganzheitlichen Gedächtnistrainings ab. Übungen für das Gedächtnistraining sind jedoch immer nur so lange sinnvoll, wie die Teilnehmenden Freude empfinden und ein Erfolgserlebnis haben.

Das passt noch

Vielleicht suchen Sie im Anschluss an eine Kurzbegegnung noch nach einer weiteren Idee zum Vorlesen, gemeinsamen Singen oder Musikhören. Dann werden Sie unter der Überschrift „Das passt noch" fündig. Dort finden Sie ergänzende Impulse zum Thema.

Nun wünschen wir Ihnen und den Menschen, die Sie begleiten, viel Freude bei den sommerlichen Kurzaktivierungen!

Natali Mallek und Annika Schneider

Aprikosen

Aprikosenmarmelade

Andreas betrachtete sein Tagwerk. Sauber aufgereiht standen sie da. Fünfzig Gläser mit der allerleckersten Aprikosenmarmelade der Welt, nach dem Rezept seiner Großmutter. Er musste zugeben: Die Arbeit hatte er unterschätzt. Die Früchte aus dem Garten zu verarbeiten, war anstrengender gewesen als gedacht. Aber nun war es vollbracht. Er hatte es ganz allein geschafft. Schon der Duft sonnengereifter Aprikosen, der in der Küche lag, war es wert gewesen. Der Topf stand noch auf dem Herd. Andreas nahm seinen Finger und strich damit am Rand des Topfes entlang. Es war das erste Mal, dass er seine eigene Marmelade kostete. Sie schmeckte wundervoll. Süß, leicht säuerlich, und der Geschmack würde ihn nun an vielen Tagen beim Frühstück begleiten.

Gesprächsimpulse

- Kennen Sie weitere Bezeichnungen für Aprikosen? Mancherorts werden sie zum Beispiel auch Marillen oder Maleten genannt. Mit welcher Bezeichnung fühlen Sie sich am wohlsten?
- Eingelegte Aprikosen, Aprikosenkuchen, Aprikosenmarmelade oder Marillenknödel, es gibt viele Arten, Aprikosen zuzubereiten. Wie mögen Sie Aprikosen am liebsten? Gibt es Rezepte, die Sie mit Aprikosen selbst zubereiten oder zubereitet haben?
- Die Haut von Aprikosen ist mit feinen Haaren bedeckt, was sie leicht pelzig macht. Kennen Sie andere Obstsorten, deren Schale eine ähnliche Textur hat?
- Gibt es in Ihrer Familie Rezepte, die von Generation zu Generation weitergegeben werden? Welche Rezepte sind das? Was macht sie zu etwas Besonderem?
- Die Großmutter wird häufig mit kulinarischen Kindheitserinnerungen in Verbindung gebracht. Gab es Gerichte oder Backwaren, die typischerweise von Ihrer Großmutter zubereitet wurden?

Wussten Sie das?

- Aprikosen enthalten mehr Karotin als die meisten anderen Obstsorten.
- In Armenien wurden Aprikosen schon in der Antike angebaut.
- In Ungarn wurden Aprikosenbäume zu Beginn des 19. Jahrhunderts als Schutz vor Sandstürmen gepflanzt. Die Aprikosenbäume kommen gut mit sandigem Boden, Trockenheit und Hitze zurecht und können Flugsand binden.
- Das größte Aprikosenanbaugebiet liegt in der Türkei.
- In Tibet sind Aprikosen neben Sanddorn die einzige angebaute Obstsorte. Tibetische Aprikosenbäume überstehen auch tiefen Frost und produzieren kleine Früchte.

Rätselideen

Welches Wort fehlt?

Lesen Sie den Satz vor und lassen Sie die Teilnehmenden raten, welches Wort fehlt.

- Die Aprikosen für den Kuchen kommen aus der ... ⇨ **Dose**
- Mehl, Butter und Zucker brauchen wir für den ... des Aprikosenkuchens. ⇨ **Teig**
- Kannst du das ... auf die selbst gemachte Aprikosenmarmelade kleben? ⇨ **Etikett/Schild**

Passende Adjektive

Suchen Sie gemeinsam mit den Teilnehmenden Adjektive, mit denen man Aprikosen beschreiben kann. Berücksichtigen Sie dabei alle Wahrnehmungskanäle.

- Wie schmeckt eine Aprikose?
- Wie sieht eine Aprikose aus?
- Wie fühlt sich eine Aprikose an?
- Wie riecht eine Aprikose?

Beispiellösungen: saftig, rund, klein, süß, rau, pelzig, orange, gelb, aromatisch.

Das passt noch

Ringel, Rangel, Rosen

(Kinderreim aus dem 19. Jahrhundert)

Ringel, Rangel, Rosen!
Schöne Aprikosen!
Veilchen blau, Vergissmeinnicht!
Alle Kinder setzen sich!
Kikeriki!

Badeanzug

Am Badesee

Der neue Badeanzug gefiel Christina unglaublich gut. Er saß wie angegossen und war genau das richtige Kleidungsstück, um sich im kühlen Nass des Badesees zu erfrischen. Vorsichtig ging sie auf dem steinigen Ufer auf den See zu. Dann hatte sie das Wasser erreicht. Es war nicht so kalt, wie sie gedacht hatte. Fast sanft umspülte es ihre Füße, während sie Schritt für Schritt in den See hineinging. Dann war sie tief genug, um die ersten Schwimmzüge zu wagen. Das kühle, frische Nass, das ihren Körper umschloss, die angenehm warme Sonne, die vom Himmel auf sie herabschien – so fühlt sich Freiheit an.

Gesprächsimpulse

- Haben Sie schwimmen gelernt? Wenn ja, wo und mit wem haben Sie schwimmen gelernt? Woran erinnern Sie sich noch?
- Badekleidung gibt es in allen Farben und Formen. Welche Art von Badekleidung bevorzugen Sie? Erinnern Sie sich noch an einen Badeanzug oder eine Badehose, die Sie früher hatten? Wie sah das Kleidungsstück aus?
- Welche Bedeutung hatte „Schwimmengehen“ für Sie als Kind? Sind Sie zum Abkühlen im Sommer schwimmen gegangen? Sind Sie schon mal in einem Schwimmverein geschwommen?
- In welchen Schwimmbädern waren Sie schon? Erinnern Sie sich an ein Hallenbad, in dem Sie waren? Erinnern Sie sich an ein Freibad, in dem Sie waren?
- In welchen natürlichen Gewässern sind Sie schon geschwommen? Sind Sie schon mal im Meer geschwommen? Sind Sie schon mal in einem Badesee geschwommen?

Wussten Sie das?

- Man hat eine Darstellung von schwimmenden Menschen in Felsmalereien gefunden, die ungefähr 8000 Jahre alt sind.
- Bei den Griechen gehörte nicht nur das Baden zur Kultur, sondern auch das Schwimmen. Schwimmen war im Bildungskanon sogar genauso wichtig wie Lesen.
- Im europäischen Mittelalter war Baden und Schwimmen verpönt.
- Die ersten beiden öffentlichen deutschen Badeanstalten wurden 1793 in Frankfurt am Main und in Heiligendamm bei Doberan eröffnet.

- Um 1900 gab es die erste Bademode. Männer trugen damals Einteiler mit Trägern und kurzen Hosen. Die Frauen trugen Badehemden und Pumphosen, oft noch mit einem Rock darüber.

Rätselideen

Was passt nicht zu den anderen?

Nennen Sie jeweils die vier aufgeführten Begriffe und fragen Sie die Teilnehmenden, welcher Begriff nicht so richtig zu den anderen passt. Fragen Sie auch immer nach der Begründung. Meistens gibt es mehrere Möglichkeiten, die Übung zu lösen.

- Badeanzug, Unterhose, Bikini, Badehose
  Beispiellösung: Eine Unterhose ist keine Badebekleidung.

- Fluss, Badewanne, Meer, See
  Beispiellösung: Eine Badewanne befindet sich drinnen / ist kein Gewässer.

- Vater, Matrose, Bademeister, Fischer
  Beispiellösung: Vater ist kein Beruf.

Verstecktes Wort

Lesen Sie die sieben Wörter jeweils langsam vor und fragen Sie dann, in welchen zwei Wörtern sich das Wort „Bad“ versteckt:

- Kuba, Bar**bad**os, Rabatt, Abakus, Wiederaufbau, aus**bad**en, Autobahn.

Das passt noch

Singen Sie den folgenden Schlager mit den Teilnehmenden oder spielen Sie ihn vor.

„Pack die Badehose ein“ (1951)
von Cornelia Froboess

Boot

Sarahs Boot

Das Wasser plätscherte ruhig und gleichmäßig gegen die Außenwand des Bootes. Das Geräusch wurde von einem leisen, tiefen Gluckern begleitet. Sarah saß mit geschlossenen Augen in ihrem Boot und träumte vor sich hin. Sie liebte die Geräusche, mit denen das Wasser ihren Ausflug auf dem See begleitete. Die Sonne fühlte sich angenehm warm auf ihrer Haut an, fast wie ein sanftes Streicheln. Auch der Duft des Wassers war ihr schon lange vertraut. Auf dem Wasser war sie zu Hause. In ihrem Boot konnte Sarah sie selbst sein und die Gedanken an den Alltag für einen Augenblick beiseitelegen. Sie öffnete vorsichtig die Augen und ließ sich vom Glitzern der Sonnenstrahlen auf dem Wasser verzaubern. Welch ein wunderbarer Tag!

Gesprächsimpulse

- Sind Sie schon einmal Boot gefahren? Was war das für ein Boot? Wie haben Sie sich auf dem Boot gefühlt? Haben Sie eventuell einen Bootsführerschein oder einen Segelschein und können ein Boot selbst steuern?

- Wie fühlen Sie sich auf dem Wasser? Sind Sie gerne im Wasser? Können Sie gut schwimmen? Welche Art von Wasser mögen Sie? Wo fühlen Sie sich am wohlsten – am Wasser, auf dem Wasser oder im Wasser?

- An was denken Sie, wenn Sie Meeresrauschen hören? Welche Erinnerungen werden bei dem Geräusch geweckt, wenn Wasser an einem Seeufer aufläuft? Wie fühlt es sich an, neben einem Wasserfall zu stehen?

- Die Frau in der kurzen Geschichte fühlt sich auf dem Wasser zu Hause und kann dort im Einklang mit sich selbst sein. In welchen Momenten Ihres Lebens konnten Sie ganz Sie selbst sein? Wo und wann haben Sie sich besonders wohl gefühlt? Gibt es eine Person, bei der Sie sich besonders angenommen und zu Hause fühlen konnten?

- Wie würde für Sie ein perfekter Sommertag aussehen?

Wussten Sie das?

- Menschen benutzen schon seit der Steinzeit Flöße und Kajaks, um sich auf dem Wasser fortzubewegen.

- Das älteste Boot, das je gefunden wurde, stammt aus Holland und ist ein Einbaum. Das ist ein ausgehöhlter Baumstamm, der als Boot benutzt wird.

- Die ersten Menschen, die sich mit Segelschiffen fortbewegten, waren vermutlich die alten Ägypter.

- Die Schiffe der Wikinger erreichten durch Ruderer und Segel hohe Geschwindigkeiten von ca. 37 Kilometer pro Stunde.

Rätselideen

Zwillingswörter

Lesen Sie die folgenden Sätze vor und lassen Sie die Teilnehmenden das fehlende „Zwillingswort“ ergänzen.

- Kurz und ...: Ich habe das Boot gekauft. ⇨ **gut**
- Seitdem ich das wunderschöne Schiff gesehen habe, bin ich Feuer und … ⇨ **Flamme.**
- Wir machen die Bootsfahrt mit Kind und … ⇨ **Kegel.**

Vermischt

Hier wurden zwei bekannte Liedtitel miteinander vermischt. Lesen Sie den neu entstandenen Titel vor und bitten Sie die Teilnehmenden, herauszufinden, welche beiden Liedtitel gesucht werden.

Am Sonntag ist mein Süßer lustig.
Lösung: „Eine Seefahrt, die ist lustig“ / „Am Sonntag will mein Süßer mit mir Segeln geh'n“.

Das passt noch

Bei dem folgenden Lied darf das Wort in Klammern traditionell beim ersten Durchgang nicht gesungen werden. Sicherlich erinnern sich die Teilnehmenden daran, aber ob es auch alle schaffen?

Jetzt fahr'n wir übern See

(Volkslied aus dem 19. Jahrhundert)

Jetzt fahr'n wir übern See, übern See,
jetzt fahr'n wir übern **(See) (2x)**
mit einer hölzern' Wurzel, Wurzel, Wurzel,
mit einer hölzern' Wurzel,
kein Ruder war nicht **(dran). (2x)**

Und als wir drüber war'n, drüber war'n,
und als wir drüber **(war'n), (2x)**
da sangen alle Vöglein, Vöglein, Vöglein, Vöglein
da sangen alle Vöglein,
der helle Tag brach **(an). (2x)**

Der Jäger rief ins Horn, in das Horn,
der Jäger rief ins **(Horn). (2x)**
Da bliesen alle Jäger, Jäger, Jäger, Jäger,
da bliesen alle Jäger,
ein jeder in sein **(Horn). (2x)**

Das Liedlein, das ist aus, wieder aus,
das Liedlein, das ist **(aus). (2x)**
Und wer das Lied nicht singen kann, singen, singen, singen kann,
und wer das Lied nicht singen kann,
der fang's von vorne **(an)! (2x)**

Eis

Im Eiscafé

Vanille und Schokolade – das waren schon immer seine Lieblingseissorten gewesen. Ingo saß vor der Eisdiele und schleckte genüsslich sein Eis. Er liebte es, wenn der zarte Schmelz auf seiner Zunge zerging. Der sahnig-süße Geschmack und die sanfte Kälte im Mund waren einzigartig. Die Eisdiele lag an einer Straße, aber das machte ihm nichts aus. Er sah den Menschen zu, die an ihm vorbeigingen und ein wenig neidisch auf sein Eis schauten. Er beobachtete die Autos, die am Straßenrand parkten oder einfach nur vorbeifuhren. Ingo mochte die Stühle und den runden, kleinen Tisch, auf den er seinen Arm gelegt hatte. Der Duft von Kaffee lag in der Luft. Ingo knabberte zufrieden an seiner Eiswaffel. So fühlte sich der Sommer an.

Gesprächsimpulse

- Sind Sie jemand, der im Sommer gerne Eis isst? Welche Sorten mögen Sie? Welche Eissorten haben Sie in Ihrer Kindheit gerne gegessen? Haben Sie Ihr Eis lieber in einem Becher oder in einer Eiswaffel gegessen?

- War das Eisessen früher etwas Besonderes für Sie? Mit wem sind Sie Eis essen gegangen? Welche Kindheitserinnerungen haben Sie an Besuche in der Eisdiele? An was denken Sie, wenn Sie heute eine Eisdiele betreten und den typischen Duft wahrnehmen?

- Der Mann in der Geschichte genießt es, die Menschen um sich herum zu beobachten. Kennen Sie solche Situationen von früher? Wenn ja, haben Sie das gerne gemacht oder war das eher ein Zeitvertreib aus Langeweile? Welche Menschen haben Sie gerne beobachtet? Können Sie sich daran erinnern, was Sie in solchen Momenten gefühlt und gedacht haben?

- Wonach fühlt sich für Sie der Sommer an? Welche Gefühle verbinden Sie mit Besuchen in der Eisdiele, am Badesee oder Urlaubsorten in den Sommermonaten?

- Wenn Sie selbst einen Eisbecher zusammenstellen dürften, wie würde dieser aussehen? Welche Eissorten und Früchte würden Sie wählen? Wäre es ein Eisbecher mit Sahne? Und würde er mit Streuseln oder einer Soße dekoriert werden? Wie hätten Sie diesen Eisbecher mit den Vorlieben aus Ihrer Kindheit zusammengestellt?

Wussten Sie das?

- Schon vor 5000 Jahren kühlten die Menschen ihre Getränke mit Eis. Im alten Rom wurde eine Art Sorbet mithilfe von Eis aus den Bergen, Obst und Gewürzen hergestellt. Es musste allerdings schnell verzehrt werden, da man es nicht lange lagern konnte.

- Die erste Speiseeismaschine, die nach dem gleichen Prinzip arbeitet wie heutige Eismaschinen, wurde 1790 in Amerika erfunden.

- Mediziner waren lange Zeit davon überzeugt, dass Eis dem Magen schadet. Sie dachten, es wäre zu kalt, um gut vertragen zu werden.

- In der Speiseeisverordnung gibt es genaue Vorschriften bezüglich der Hygiene bei der Eisherstellung.

- Mehr als 700 Millionen Liter Eis essen die Menschen in Deutschland jedes Jahr.

Rätselideen

Anagramm

Versuchen Sie, aus den Buchstaben des Wortes „Eisbecher“ so viele neue Wörter wie möglich zu bilden.
Beispiellösungen: Ei, Eis, Becher, sie, er, Heer, sehr, bis, Sieb, Reis.

Alphabetische Reihenfolge

Bringen Sie die folgenden drei Eisbecher aus der Speisekarte einer Eisdiele in die richtige alphabetische Reihenfolge:

- Nussbecher
- Erdbeertraum
- Banana-Split

Lösung: Banana-Split, Erdbeertraum, Nussbecher.

Das passt noch

Der Heiratsantrag

In einer Küche, hell und klein,
entsteht heute ein Wunder fein.
Der Meister hat an alles gedacht,
denn heute wird eine Torte gemacht.

Doch die Torte ist nicht irgendeine,
es wird eine große und keine kleine,
es wird eine Torte aus köstlichem Eis,
doch jetzt an die Arbeit, es braucht etwas Fleiß.

Otto ist Konditor mit Freude im Herzen,
mit Otto kann man meistens gut scherzen.
Doch heute nimmt er alles sehr genau,
die Eistorte ist schließlich für eine Frau.

Für die, die hoffentlich seine wird,
wenn er es sich heute nicht verdirbt.
Denn heute wird er die Anna fragen,
und es bleibt an ihr, „Ja" dazu zu sagen.

Die Torte soll sie so sehr entzücken,
ihr Herz erweichen und sie beglücken.
Dass sie am Ende nicht anders kann,
als Otto zu wählen als ihren Mann.

Die Zutaten sind bereit und erlesen,
Otto fängt an und schwingt den Schneebesen.
Als Erstes bereitet er einen Biskuit,
da müssen natürlich die Eier mit.

Der Biskuit ist gebacken, als Nächstes das Eis,
wie gut, dass Otto ganz genau weiß,
dass Anna Eis am liebsten isst,
wenn man die Vanille darin nicht vergisst.

Er kratzt das kostbare Mark aus den Schoten,
es duftet herrlich, naschen verboten.
Er mischt Zucker und Sahne mit in die Masse,
er weiß es schon jetzt, die Torte wird klasse.

Dann schichtet er ohne viele Worte
alles in die Form für die Torte.
Dann heißt es warten, denn Eis, das braucht Zeit,
nach ein paar Stunden ist es so weit.

Die Torte gefroren, die Klingel ertönt,
jetzt wird die liebe Anna verwöhnt.
Anna, ich möchte es hier kurz erwähnen,
sieht die Torte, es rollen die Tränen.
Es stehen genau die richtigen Worte,
auf dem Oberen der Torte.

Mit Buchstaben aus Schokolade
steht dort: „Du, es wäre schade,
dich auch nur einen Tag zu vermissen,
dich nicht an jedem Morgen zu küssen,
drum liebe Anna bitte zeig Gnade,
nimm mich zum Mann, alles andre wär schade."

„Gerne", sagt Anna, die Geschichte ist aus,
die Torte war natürlich ein Schmaus.

Fische

Anglerglück

Maria betrachtete den Sonnenaufgang und beobachtete, wie die ersten Strahlen auf die glatte Oberfläche des Sees trafen. Allein und entspannt saß sie am Ufer, die Angelrute fest in der Hand, so wie sie es als Kind schon gemeinsam mit ihrem Vater gemacht hatte. Es war ein friedlicher Morgen. Mit einem Mal spürte sie eine Erschütterung in der Angelrute, die Spannung der Schnur wurde größer. Marias Herzschlag beschleunigte sich und sie musste einiges an Kraft einsetzen, um den großen Karpfen durch die sich kräuselnde Wasseroberfläche zu ziehen. Mit dem Kescher holte sie ihren Fang ans Ufer. So ein Prachtexemplar! Sie lächelte und freute sich schon auf die Blicke ihrer Familie.

Gesprächsimpulse

- Haben Sie auch schon einmal geangelt? Wenn ja, wo? Mit wem haben Sie geangelt? Was war das für ein Gefühl, einen Fisch am Haken zu haben?
- Fische schmecken sehr unterschiedlich und sind in der Küche sehr vielfältig einsetzbar. Mögen Sie Fisch? Wenn ja, welche Fischgerichte mögen Sie am liebsten? Gibt es Fischgerichte, die Sie gerne selbst zubereitet haben?
- Tätigkeiten wie das Angeln können wir nutzen, um zur Ruhe zu kommen. Gibt es etwas, das Sie machen, um zur Ruhe zu kommen?
- In unserem Leben geschieht es immer wieder, dass wir auf etwas warten und es dann plötzlich eintrifft. Erinnern Sie sich an eine solche Situation aus Ihrem Leben?
- Der Mensch ist ein soziales Wesen und mag es, anderen eine Freude zu machen. Erinnern Sie sich an eine Situation, in der Sie anderen eine Freude bereiten konnten? Erinnern Sie sich an eine Situation, in der jemand Ihnen eine Freude gemacht hat?

Wussten Sie das?

- Heringe führen in ihren Schwärmen ein sehr soziales Leben. Sie kommunizieren miteinander und ihre Laute wurden von Menschen schon mit U-Boot-Geräuschen verwechselt.
- Es gibt Fischarten, die bei der Jagd miteinander kooperieren. Ein ungleiches Team bilden zum Beispiel der Zuckerbarsch und die Muräne, die sich manchmal gemeinsam die Beute sichern.
- Einige Fischarten, wie der Clownfisch, können ihr Geschlecht wechseln. Sie tun das, wenn es ihre Chance auf Fortpflanzung erhöht.
- Es gibt Fischarten, die ein außerordentlich gutes Gedächtnis haben.

- Fische können die unterschiedlichsten Emotionen spüren, zum Beispiel Angst und Freude.

Rätselideen

Assoziation

Nicht nur Fische halten sich im Wasser auf. Überlegen Sie gemeinsam, welche Tiere, außer Fischen, die gesamte oder viel Zeit ihres Lebens im Wasser verbringen.
Beispiellösungen: Otter, Seehunde, Enten, Frösche, Schwäne, Wasser- und Sumpfschildkröten, Krokodile, Biber.

Korrektur von Sprichwörtern/Redewendungen

Lesen Sie die folgenden Sätze vor und fragen Sie die Teilnehmenden, was daran falsch ist.

- Ein junges Mädchen nannte man früher Kochfisch.
  Richtig: Backfisch.

- Wenn man möchte, dass jemand Klartext spricht, sagt man: „Jetzt mal Öl bei die Fische."
  Richtig: Jetzt mal Butter bei die Fische.

- Wenn ein Betrieb nicht läuft, weil die Geschäftsführung schlecht ist, sagt man: „Der Fisch stinkt vom Schwanz her."
  Richtig: Der Fisch stinkt vom Kopf her.

Das passt noch

Singen Sie den folgenden Schlager mit den Teilnehmenden oder spielen Sie ihn vor.

„An der Nordseeküste" (1985)

von Klaus & Klaus

Frösche

Am Froschteich

Johannes seufzte zufrieden. Wie schön war es, an diesem lauen Sommernachmittag am Teich zu sitzen! Der Teich war nicht groß, aber mit viel Liebe angelegt und fast vollständig von Seerosen bedeckt. Wenn man genau hinsah, konnte man den einen oder anderen Frosch entdecken. Nahezu regungslos saßen einige am Ufer. Einer trieb zwischen den Blättern einer Seerose im Wasser und man sah nur den Kopf. Johannes war in Gedanken versunken, als er plötzlich ein lautes „Plopp“ hörte. Einer der Frösche vom Ufer war verschwunden. An der Stelle, an der der Frosch in den Teich gesprungen war, war das Wasser noch in Bewegung. „So ist das mit der Natur“, dachte Johannes, „auch wenn es ruhig scheint, ist sie immer in Bewegung.“

Gesprächsimpulse

- Erinnern Sie sich an Begegnungen mit Fröschen? Wo haben Sie schon mal Frösche beobachtet? Was haben Sie gesehen?
- Frösche durchlaufen eine Metamorphose. Zuerst kann man den Froschlaich, die Eier der Frösche, entdecken, dann die Kaulquappen und irgendwann die Frösche. Haben Sie auch schon mal Froschlaich und Kaulquappen gesehen? Woran erinnern Sie sich?
- Ein Teich wirkt ruhig, ist aber doch in Bewegung. Manchmal kann auch das Leben so sein. Welche schönen Ereignisse haben Sie in Ihrem Leben bewegt oder den Alltag durchbrochen? Die Geburt Ihrer Kinder? Ein Sommerurlaub in einem entfernten Land? Ein ereignisreicher Konzert- oder Theaterbesuch?
- In dem Märchen „Der Froschkönig“ erkennt die Prinzessin auf den ersten Blick nicht, dass das Tier eigentlich ein verwunschener Prinz ist. Haben Sie auch erlebt, dass aus etwas Unscheinbarem oder Abstoßendem etwas Schönes geworden ist?
- Ein Frosch ist in der Regel klein, kann aber mit seinen kräftigen Hinterbeinen sehr weit springen und so über sich hinauswachsen. Sind Sie auch schon einmal über sich hinausgewachsen? In welcher Situation war das? Wie haben Sie sich dabei gefühlt?

Wussten Sie das?

- Der drei bis fünf Zentimeter große Laubfrosch hat Haftscheiben am Ende seiner Finger und Zehen, die ihn beim Klettern unterstützen. Das ist in der Amphibienwelt einzigartig.
- Der Moorfrosch nimmt in der Laichzeit eine intensive blaue Farbe an, um damit die Damenwelt zu beeindrucken.

- Der Seefrosch produziert einen Ruf, der wie ein lautes Lachen klingt. Anders als andere Froscharten quakt er den ganzen Tag und nicht nur am Abend.

- Während der Balzzeit treffen sich große Gruppen Laubfroschmännchen und veranstalten Abendkonzerte, die noch über eine große Entfernung zu hören sind.

Rätselideen

Wörter, die mit „Fr" beginnen

Suchen Sie Wörter, die wie „Frosch" mit dem Buchstabenpaar „Fr" beginnen.

Beispiellösungen: Frau, frei, Freitag, Frage, freuen, Frack, fressen, frech, Fracht, fragil, Frucht, Frust.

Dinge, die grün sind

Frösche in Deutschland sind meist grün. Sammeln Sie gemeinsam Dinge, die grün sind oder grün sein können.

Beispiellösungen: Moos, Gras, Bäume, Sträucher, Pflanzen insgesamt, Kleidungsstücke, Äpfel, Zucchini, Gurken.

Das passt noch

Der fliegende Frosch (19. Jahrhundert)

von Wilhelm Busch

Wenn einer, der mit Mühe kaum,
geklettert ist auf einen Baum,
schon meint,
dass er ein Vöglein wär,
so irrt sich der.

Gänseblümchen

Die Blumenwiese

Die Sonne schien von einem wolkenlosen Himmel herab. Sandra saß auf einer Wiese, die über und über mit weiß-gelben Pünktchen verziert war. Vorsichtig strich sie mit ihren Handflächen über die Spitzen der saftiggrünen Grashalme. Sie kitzelten auf der Haut. Die weiß-gelben Gänseblümchen zwischen den Halmen fühlten sich weicher an. Die Blütenblätter wirkten unglaublich zerbrechlich. Behutsam streichelte sie darüber. Es war ein schönes Gefühl. Sandra mochte die kleinen, zarten Blümchen. Sie pflückte einige der Farbtupfer aus der Wiese und legte sie zu einem Blumenstrauß zusammen. Die Blumen würden in der kleinen blauen Glasvase wunderschön aussehen. Zufrieden und voller Vorfreude hüpfte sie über die Gänseblümchenwiese nach Hause.

Gesprächsimpulse

- Gänseblümchen sind auf fast jeder Wiese zu finden. Sie sind pflegeleicht, wachsen schnell nach und laden zum Kreativsein ein. Aus Gänseblümchen können Blumenketten gestaltet oder kleine Sträuße gepflückt werden. Kinder und Verliebte zupfen die Blütenblätter ab, um vorherzusagen, ob jemand Bestimmtes sie liebt. Welche Erinnerungen haben Sie an Gänseblümchen? Haben Sie auch schon einmal Ketten daraus gebastelt oder die Blütenblätter abgezupft?

- Das Mädchen in der Geschichte mag es, mit den Handflächen über die Grashalme und Blumen zu streichen. Was berühren Sie gerne? Welche Materialien fassen Sie gerne an? Was spüren Sie gerne auf Ihrer Haut?

- Wann war in Kindheitstagen Ihre Vorfreude besonders groß? Worüber konnten Sie sich freuen? Was waren ganz besondere Momente, an die Sie sich heute noch erinnern?

- Wenn Sie sich beim Hören einer Geschichte gedanklich eine Wiese im Sommer vorstellen, welche Wiese ist das? Eine, die Sie kennen? Oder eine Wiese, die Sie gedanklich für diese Geschichte erschaffen? Wie sieht diese Wiese aus? Was befindet sich auf der Wiese und von was wird die Wiese umschlossen?

- Erinnern Sie sich zurück: Welche Blumen kannten Sie in Ihrer Kindheit? Welche Blumen waren Ihnen vertraut und wuchsen vielleicht sogar im eigenen Garten, am Rande von bekannten Wegen oder in der Nachbarschaft? Wer hat Ihnen in Ihrer Kindheit Wissen über Blumen und Pflanzen beigebracht?

Wussten Sie das?

- Es gibt im Volksmund viele unterschiedliche Namen für Gänseblümchen, zum Beispiel Frühblume, Gänsblümel, Grasblume, Himmelblume, Marienblümchen, Maßliebchen und Sonnenblümchen.
- Gänseblümchen blühen an den unterschiedlichsten Standorten. In den Bergen findet man sie bis zu einer Höhe von 2500 Metern.
- Gänseblümchen haben eine lange Blütezeit, die vom März bis in den November reicht.
- In der Naturheilkunde werden Gänseblümchen bei unterschiedlichen Beschwerden eingesetzt, zum Beispiel bei Husten, Hautproblemen und Verletzungen.
- Gänseblümchen sind Korbblütler und zum Beispiel mit Löwenzahn und der Echten Kamille verwandt.

Rätselideen

Passende Adjektive

Suchen Sie gemeinsam Adjektive, mit denen man Gänseblümchen beschreiben kann. Berücksichtigen Sie dabei alle Wahrnehmungskanäle.

- Wie sieht ein Gänseblümchen aus?
- Wie fühlt sich ein Gänseblümchen an?
- Wie riecht es?

Beispiellösungen: klein, unscheinbar, weiß, gelb, rosa, geöffnet, geschlossen, zart, behaart, süß, blumig.

Was passiert als Nächstes?

Beschreiben Sie folgende kleine Szene und bitten Sie die Teilnehmenden anschließend, ihre Fantasie spielen zu lassen. Was könnte als Nächstes passieren?

Ein Mädchen sitzt auf einer Wiese und pflückt Gänseblümchen. Sie verbindet die Gänseblümchen miteinander, um daraus einen Kranz zu machen. Ein kleiner Junge kommt angelaufen und stellt sich neben das Mädchen. Dann …

Das passt noch

Ein Schäfermädchen weidete

(Volkslied aus dem 19. Jahrhundert)

Ein Schäfermädchen weidete
zwei Lämmchen an der Hand
auf einer Flur, wo fetter Klee
und Gänseblümchen stand.
Da hörte sie wohl in dem Hain
den Vogel Kuckuck lustig schrein:
Kuckuck, kuckuck,
kuckuck, kuckuck, kuckuck.

Sie setzte sich ins weiche Gras
und sprach gedankenvoll:
Ich will doch einmal sehn zum Spaß,
wie lang ich leben soll!
Wohl bis zu hundert zählte sie,
indes der Kuckuck lustig schrie:
Kuckuck, kuckuck,
kuckuck, kuckuck, kuckuck.

Da ward das Schäfermädchen toll,
sprang auf aus grünem Gras,
nahm ihren Stab und lief voll Groll
hin, wo der Kuckuck saß.
Der Kuckuck merkt's und zog zum Glück
sich schreiend in den Wald zurück:
Kuckuck, kuckuck,
kuckuck, kuckuck, kuckuck.

Sie jagt ihn immer vor sich her
tief in den Wald hinein,
doch wenn sie rückwärts kehrt, kam er
mit Schreien hinterdrein.
Sie jagt ihn und verfolgt ihn weit,
indes der Kuckuck immer schreit:
Kuckuck, kuckuck,
kuckuck, kuckuck, kuckuck.

Sie lief weit in den Wald hinein,
da ward sie müd und sprach:
Ja, meinetwegen magst du schrei'n,
ich geh nicht weiter nach.
Sie will zurück, da springt hervor
ihr Schäfer und ruft ihr ins Ohr:
Kuckuck, kuckuck,
kuckuck, kuckuck, kuckuck.

Grill

Der Grillplatz

Er fühlte die weiche Picknickdecke unter seinen Händen. Es duftete nach Sonnencreme und gegrilltem Fleisch. Florian saß auf der Decke und hatte seine Beine ausgestreckt. Den Park kannte er wie seine Westentasche. Die Stelle zum Grillen, von der der unwiderstehliche Duft kam, gab es schon, seit er ein kleiner Junge war. Florian genoss die Sonnenstrahlen auf seiner Haut und die ihm so bekannten Düfte. Hier hatte er früher mit seinen Freunden Fußball gespielt, war mit seinen Eltern und seiner Schwester spazieren gegangen und hatte mit seinem Onkel gegrillt. Damals genügte eine Bratwurst und er war der glücklichste Junge auf der ganzen Welt. Dieses Gefühl hatte er nie vergessen. Und jedes Mal, wenn er den Duft von Gegrilltem um sich hatte, erinnerte er sich daran zurück.

Gesprächsimpulse

- An welche besonderen Grillmomente erinnern Sie sich? Welche Erinnerungen haben Sie an gemeinsames Grillen mit Freunden oder der Familie? Haben Sie sich in diesen Momenten wohlgefühlt?

- Was wurde bei Ihnen auf den Grillrost gelegt? Welche Beilagen und Salate gab es zum Fleisch und zur Wurst? Hat sich Ihr Geschmack im Laufe der Zeit verändert?

- Gibt es Familienrezepte rund um das gemeinsame Grillen, die von einer Generation zur nächsten weitergegeben wurden? Was haben Sie im Vergleich zum Grillen in Kindertagen im Erwachsenenalter verändert? Welche Rituale haben Sie aus Ihrem Elternhaus mitgenommen? Welche Elemente tragen Ihre persönliche Handschrift?

- Wer hat bei Ihnen früher das Grillen übernommen? Wer hat eingekauft und die Salate zubereitet? Wer hat die Grillkohle angezündet?

- In der Geschichte erinnert sich der Mann an ein glückliches Gefühl beim Bratwurstessen. An welche kleinen Glücksmomente Ihrer Kindheit erinnern Sie sich? Momente, in denen Sie vollkommen zufrieden waren, obwohl die Umstände drum herum von außen gesehen nur eine Kleinigkeit waren?

Wusssten Sie das?

- Der Begriff „Bratwurst“ wird vielfältig verwendet. Am weitesten verbreitet ist der Ausdruck für Brühwürste, die später in der Pfanne oder auf dem Grill zubereitet werden.
- In Nürnberg gibt es seit 2021 das Nürnberger Bratwurstmuseum. Dort kann man auf 100 Quadratmetern die Geschichte der Nürnberger Bratwurst in den letzten 700 Jahren entdecken.
- Jahrhundertealt ist auch die Thüringer Rostbratwurst. Erstmals schriftlich erwähnt wird sie in einem Dokument aus dem Jahr 1404. Auch in Thüringen gibt es ein Bratwurstmuseum, das sich als „1. Deutsches Bratwurstmuseum“ bezeichnet.
- Im Jahr 1999 wurde in Bayern eine Bratwurst hergestellt, die eine Gesamtlänge von 5888 Metern hatte. Für die Wurst wurden 1700 Kilogramm Brät verwendet.
- Schon im ersten römischen Kochbuch von Apicius ist ein Bratwurstrezept zu finden.

Rätselideen

Zusammengesetzte Wörter

Suchen Sie gemeinsam zusammengesetzte Wörter mit dem Wort „Grill“.
Beispiellösungen: Grillabend, Grillrost, Grillwurst, Grillkohle, Grillhütte, Kugelgrill, Gasgrill, Grillmeisterschaft, Grillzange, Grillveranstaltung, Grillschürze, Grillsoße.

Durcheinandergewürfelt

Hier ist jeweils eine Redewendung rund um die Wurst mit einer anderen Redewendung durcheinandergewürfelt worden. Können die Teilnehmenden erraten, um welche Redewendungen es geht?

- Alles hat ein Abwarten, nur die Wurst hat Tee.
  Lösung: Alles hat ein Ende, nur die Wurst hat zwei. / Abwarten und Tee trinken.

- Aller Anfang ist die beleidigte Leberwurst.
  Lösung: Spiel nicht die beleidigte Leberwurst. / Aller Anfang ist schwer.

- Lügen haben die Wurst.
  Lösung: Es geht um die Wurst. / Lügen haben kurze Beine.

Das passt noch

Grillvergnügen

Wenn jemand heute Fleisch haben will,
schmeißen wir etwas auf unseren Grill.

Was kann man denn noch Besseres wollen
als frisch gegrillte Hähnchenbollen.

Wir trinken Wasser gegen den Durst
und essen dabei unsere Wurst.

Die Kohle, sie glüht, das Feuer, es glimmt,
Grillen ist schön, ich sag dir, es stimmt.

Wo sonst kommt das Fleisch so frisch
auf den Teller oder Tisch?

Grillen und Zikaden

Das Gartenkonzert

Karl saß auf dem gemütlichen Gartenstuhl am Rande der Gartenterrasse und genoss den lauen Sommerabend. Eine warme Brise streichelte sein Gesicht. Um ihn herum war das Gras hoch gewachsen. Die Luft war von einem leisen Zirpen erfüllt. Als einziger Mensch im Publikum durfte er dem Abendkonzert der Grillen lauschen. Eine kleine braune Grille hatte sich offensichtlich verirrt und saß nun direkt neben seinem Fuß. Karl betrachtete die Grille. So ein unscheinbares, kleines, braunes Insekt, und doch erfüllte das Zirpen dieser Tiere die ganze Abendluft. Er lehnte sich zurück und genoss weiter diese besondere Sommermusik.

Gesprächsimpulse

- Haben Sie Erinnerungen an das Zirpen von Grillen, Zikaden oder Heuschrecken? Wo haben Sie dieses Zirpen schon einmal gehört? Womit verbinden Sie es? Mögen Sie das Geräusch?
- Kennen Sie andere Tiere, die Geräusche machen, die die Luft erfüllen? Welche Tiergeräusche fallen Ihnen ein? Mögen Sie diese Geräusche? Wo und wann haben Sie sie schon mal gehört?
- Heuschrecken sind dafür bekannt, dass sie zu einer Plage werden können und alles kahlfressen. Hatten Sie es in Ihrem Garten schon mal mit Tieren zu tun, die Sie als Plage empfunden haben? Wie sind Sie damit umgegangen?
- Grillen sind unscheinbare kleine Insekten und doch geben sie mit ihrem Zirpen wunderschöne Konzerte. Kennen Sie einen Menschen, der auf den ersten Blick unscheinbar wirkt, aber etwas ganz Besonderes kann?
- Musik gehört zum menschlichen Leben dazu. Welche Musik kennen Sie, die besonders gut zum Sommer passt? Gibt es Sommerlieder, die Sie mögen? Welche?

Wussten Sie das?

- Man bekommt nur selten eine Grille zu Gesicht, weil Grillen in Erdlöchern leben und nicht fliegen können.
- Nur die männlichen Grillen zirpen, um Weibchen anzulocken. Das Zirpen entsteht, wenn die Männchen ihre Flügel aneinanderreiben.
- In manchen Teilen Asiens werden Grillenmännchen wegen ihrer schönen Musik als Haustiere gehalten.

- Zikaden ernähren sich von Pflanzensaft und sind daher bei vielen Gärtnern gefürchtet. Grillen hingegen gelten als Nützlinge, die Blätter, Wurzeln und tote Insekten fressen.

- 1784 wurde in Südafrika ein Heuschreckenschwarm dokumentiert, der über 300 Milliarden Insekten umfasste.

Rätselideen

Reimwörter

Finden Sie Wörter, die sich auf Grille reimen.
Beispiellösungen: Stille, Brille, Pille, Promille, Wille, Kamille, Zwille, Pastille, Sybille, schrille, Vanille.

Kennen Sie das von anderer Stelle?

Sprechen Sie darüber, wann Menschen oder Tiere ähnliche Verhaltensweisen an den Tag legen oder welche Menschen oder Tiere Talente haben.

Heuschrecken wird manchmal nachgesagt, dass sie gierig sind. Wann werden manche Menschen gierig?
Beispiellösung: Wenn es ums Geld geht.

Hunde sind treu …

Ameisen sind fleißig …

Esel sind stur …

Füchse sind schlau …

Löwen sind mutig …

Das passt noch

Die Grille und die Ameise (1757)

von Ludwig Gleim

Eine faule Grille sang
Einen ganzen Sommer lang
Und war immer ohne Sorgen
Für den andern Morgen,
Weil der Sommer Speisen hat,
Wurde sie auch täglich satt.

Aber als der Winter kam
Und der Flur das Leben nahm,
Alles tot und öde stand
Und kein Würmchen mehr sich fand,
Da trieb sie der Hunger hin
Zu der Ämse: – Nachbarin,
Ich bin hungrig, gib mir doch
Ein klein wenig nur zu leben
Deine Kammer hat ja noch
Großen Vorrat; und ich will
Alles gern dir wieder geben
Mit den Zinsen im April.

Schwesterchen, wie brachtest du
Deine Zeit im Sommer zu?
Sage mir, was tatest du?

Was ich tat? Du weißt's ja wohl,
Ich, die Freundin vom Apoll
Sang beständig; hast du mich
Nicht vernommen? Und konnt ich,
Schwesterchen, was Bessers tun?

Grillchen, nein! Doch tanze nun!

Gurken

Gurkensalat

Der Tag war heiß und Stefan sehnte sich nach einem erfrischenden Abendessen, während er den Blick durch den Kühlschrank gleiten ließ. Sein Blick blieb an zwei frischen Gurken hängen, und er entschied, einen leckeren Gurkensalat zu machen. Er wusch die Gurken gründlich ab, schälte sie und hobelte sie in dünne Scheiben. Das Dressing rührte er mit Öl, Essig, Salz, Pfeffer und frisch gehacktem Dill an. Die Zubereitung des Gurkensalats ging ihm leicht von der Hand, er hatte ihn schon oft gemacht. Kurze Zeit später genoss er den leichten Salat mit einer Scheibe Brot. Es war genau das, was er nach einem anstrengenden Tag brauchte.

Gesprächsimpulse

- Haben Sie schon mal Gurken angebaut? Wie wachsen Gurken? Wie haben die selbst angebauten Gurken geschmeckt? Wie haben Sie die Gurken verarbeitet?

- Es gibt viele verschiedene Salatsorten und auch aus vielen Gemüsesorten kann man Salat zubereiten. Welche Salatsorten essen Sie gerne? Was ist Ihr Lieblingssalat?

- Zu einem Salat gehört ein Dressing. Ein Dressing kann schlicht aus Essig und Öl zubereitet werden oder aus vielen anderen Zutaten. Welche Dressingsorten mögen Sie am liebsten? Wie bereiten Sie das Dressing für Salate zu?

- Gurken werden häufig eingelegt. Es gibt süß-saure Gurken, scharfe Gurken, Senfgurken und viele andere Sorten. Haben Sie schon einmal selbst Gurken eingelegt? Mögen Sie eingelegte Gurken? Welche eingelegten Gurken mögen Sie am liebsten?

- Eine Region in Deutschland, die besonders für ihre Gurken bekannt ist, ist der Spreewald. Haben Sie schon einmal Spreewaldgurken gegessen? Wie haben sie Ihnen geschmeckt? Waren Sie vielleicht sogar schon einmal im Spreewald?

Wussten Sie das?

- Zur Gattung der Gurken (Cucumis) gehören 52 Arten, die meisten sind rankende, krautige Pflanzen.
- Gurken gehören zu den Kürbisgewächsen.
- Gurken sind botanisch gesehen Beeren.
- Gurken bestehen zu etwa 97 Prozent aus Wasser.
- Schon die alten Römer haben saure Gurken eingelegt und genossen.

Rätselideen

Gemeinsamkeiten finden

Finden Sie Dinge, die etwas mit einer Gurke gemeinsam haben.

- Eine Gurke ist grün. Was ist noch grün?
  Beispiellösungen: Blatt, Salat, Bohne, Erbse.
- Eine Gurke ist länglich. Was ist noch länglich?
  Beispiellösungen: Banane, Stift, Lineal.
- Eine Gurke ist wässrig. Was ist noch wässrig?
  Beispiellösungen: Melone, Tomate, Erdbeere.

Silben zählen

Bitten Sie die Teilnehmenden, Gurken-Wörter nachzusprechen und dabei die Silben zu zählen.
Wortbeispiele: Gurkensalat (4), Senfgurke (3), Gewürzgurkenglas (5).

Das passt noch

Essiggurken – nicht nur für Schurken

Es waren Frauen und keine Schurken,
die säten in ihrem Garten Gurken.
Die Gurken wuchsen und gediehen,
es sei den Frauen wohl verziehen,
dass sie, als die Gurken bereit,
aufriefen zur Erntezeit.

Die Gurken waren leicht verschmutzt,
sie wurden daher gründlich geputzt.
Die Gurken wanderten in ein Glas,
dort zu kuscheln, machte schon Spaß.
Was sie dann noch sehr genossen,
war: Sie wurden mit Essig begossen.

Der Essig war zwar etwas sauer,
doch machte sie haltbar auf die Dauer.
Mit Salz, Gewürzen und etwas Pfeffer,
war der Geschmack einfach ein Treffer.

Jeder mochte die sauren Gurken,
alle Männer, Frauen, Kinder und Schurken.

Himbeeren

Beerenernte

Mit einer Schüssel in der Hand stand Thomas vor den Himbeerpflanzen in seinem Garten. Die Himbeeren waren so reif, dass sie ganz leicht von den Stielen glitten. Eine Beere nach der anderen nahm er ab, um sie behutsam in eine Schüssel zu legen. Die Beeren fühlten sich weich, saftig und ein kleines bisschen haarig an. Natürlich konnte er nicht widerstehen und mindestens jede zweite Frucht wanderte nicht in die Schüssel, sondern direkt in seinen Mund. Wie herrlich das schmeckte! Der Geschmack war intensiv, süß und die kleinen Früchte zerplatzten vor Saftigkeit fast auf der Zunge. Eine köstliche Erfrischung an einem Sommertag.

Gesprächsimpulse

- Mögen Sie Himbeeren? Erinnern Sie sich an Gelegenheiten, zu denen Sie Himbeeren gegessen haben?
- Himbeeren können bei der Ernte auch mal schnell im Mund verschwinden. Haben Sie schon mal etwas geerntet, bei dem Sie nicht widerstehen konnten und gleichzeitig genascht haben? Erzählen Sie davon.
- Himbeertorte, Himbeereis, Himbeersirup, Himbeercreme, es gibt viele Rezepte, in denen Himbeeren verwendet werden. Wie mögen Sie Himbeeren am liebsten? Welche Rezepte kennen Sie?
- Haben Sie schon mal Himbeeren oder anderes Beerenobst angebaut? Wenn ja, welches? War es einfach, eine gute Ernte zu erreichen, oder gab es Herausforderungen?

Wussten Sie das?

- Himbeeren gehören zur Familie der Rosengewächse.
- Es gibt nicht nur rote, sondern auch gelbliche und weißliche Himbeeren.
- Erste Belege für den Anbau von Himbeeren als Gartenpflanze stammen aus Klöstern aus der Zeit um 1500.
- Es gibt Sommer- und Herbsthimbeeren, sie unterscheiden sich durch ihren Reifezyklus.
- Himbeeren müssen nicht veredelt werden. Man vermehrt sie einfach, indem man Ruten absticht und an anderer Stelle wieder einpflanzt.

Rätselideen

Kennen Sie das von anderer Stelle?

Die Himbeere ist eine Frucht, die aus vielen kleinen Früchten besteht. Die saftigen kleinen Einzelfrüchte haben jeweils einen eigenen Kern. Kennen Sie andere Dinge, die aus vielen, nahezu gleichen Bestandteilen bestehen?
Beispiellösungen: Fußballhülle, Puzzle, Brombeere, Bienenwabe.

Stichworträtsel

Lesen Sie die Stichwörter langsam vor und lassen Sie die Teilnehmenden erraten, welcher Oberbegriff gesucht wird. Tipp: Alle Begriffe kann man mit Himbeeren herstellen.

- Kalt, Kugel, schlecken, Diele ⇨ **Eis**
- Form, backen, Teig, Stück ⇨ **Kuchen**
- Sahne, Gebäck, Schichten, Stück ⇨ **Torte**
- Zucker, flüssig, Getränk, klebrig ⇨ **Sirup**

Das passt noch

Im Garten (19. Jahrhundert)

von Theodor Fontane

Die hohen Himbeerwände
Trennten dich und mich,
Doch im Laubwerk unsre Hände
Fanden von selber sich.

Die Hecke konnt' es nicht wehren,
Wie hoch sie immer stund.
Ich reichte dir die Beeren
Und du reichtest mir deinen Mund.

Ach, schrittest du durch den Garten
Noch einmal im raschen Gang,
Wie gerne wollt' ich warten,
Warten stundenlang.

Honig

Eistee mit Honig

Petra stand in ihrer Küche und nahm den Krug mit Schwarztee, der mittlerweile abgekühlt war. Es war so warm, dass beim Frühstück keiner Lust auf ein warmes Getränk gehabt hatte. Aber Petra hatte eine Idee. Sie schnitt ein paar Zitronen auf und legte die Scheiben in den Tee. Dann rührte sie einige Löffel Honig hinein und füllte die Kanne am Ende mit Eiswürfeln auf. Sie goss sich ein Glas ein. Wie herrlich das schmeckte! Leicht säuerlich mit einer wunderbaren Honignote. Das perfekte Erfrischungsgetränk für einen warmen Sommertag. Sie war sich sicher, dass sie damit auch den anderen Familienmitgliedern eine Freude machen würde.

Gesprächsimpulse

- Honig gibt es aus vielen unterschiedlichen Regionen und aus vielen verschiedenen Blütenquellen. Welche Honigsorten haben Sie schon probiert? Was ist Ihnen aufgefallen?
- Mögen Sie Honig? Wie mögen Sie Honig? In Getränken als Süßungsmittel, auf einem Brötchen oder einer Scheibe Brot oder in Gebäck?
- Gab oder gibt es in Ihrer Nähe einen Imker mit Bienenstöcken? Wenn ja, wo? Was konnten Sie dort beobachten?
- Bienen sind sehr wichtig für die Natur und uns Menschen. Wie reagieren Sie, wenn Sie eine Biene sehen? Gibt es Maßnahmen, die Sie kennen, mit denen man Bienen schützen kann?
- Eistee ist im Sommer ein beliebtes Erfrischungsgetränk. Was trinken Sie am liebsten, wenn es heiß ist?

Wussten Sie das?

- Eine Biene verlässt den Bienenstock ungefähr zehnmal pro Tag und fliegt 250 bis 300 Blüten an.
- Für ein Kilogramm Honig legen Bienen eine Strecke von 80 000 bis 100 000 Kilometern zurück. Das entspricht ungefähr zwei bis drei Reisen um die ganze Welt.
- Honig besteht aus bis zu 22 verschiedenen Zuckerarten. Der Hauptbestandteil sind Frucht- und Traubenzucker.
- Honig kann aufgrund seines hohen Zuckeranteils nicht schlecht werden. Wenn keine Fremdkörper hineingelangen, kann man ihn ewig genießen.
- Ein Bienenvolk besteht aus bis zu 50 000 Bienen.

Rätselideen

Korrektur von Redewendungen

Lesen Sie die folgenden Sätze vor und fragen Sie die Teilnehmenden, was daran nicht richtig ist.

- Wenn man einen Menschen lobt, um etwas von ihm zu bekommen, sagt man: „Jemandem Honig in die Haare schmieren."
  Richtig: Jemandem Honig ums Maul schmieren.

- Wenn jemand so tut, als wäre er freundlich, dann hat er eine honigsüße Schnute.
  Richtig: Ein honigsüßes Lächeln.

- Wenn man alles hat und aus dem Vollen schöpfen kann, dann ist man in einem Land, wo Limonade und Honig fließen.
  Richtig: ... wo Milch und Honig fließen.

Sätze vollenden

Lesen Sie die folgenden Satzanfänge vor und lassen Sie die Teilnehmenden ganz nach Belieben ergänzen.

- Honig ist eine Zutat, mit der man ...

- Wenn ich an Honig rieche, ...

- Das Summen von Bienen ...

Das passt noch

Gleich und gleich (1827)

von Johann Wolfgang von Goethe

Ein Blumenglöckchen
Vom Boden hervor
War früh gesprosset
In lieblichem Flor;
Da kam ein Bienchen
Und naschte fein –
Die müssen wohl beide
Für einander sein.

Summ, summ, summ (1835)

von Hoffmann von Fallersleben

Summ, summ, summ!
Bienchen summ herum!
Ei, wir tun dir nichts zuleide,
Flieg nur aus in Wald und Heide!
Summ, summ, summ!
Bienchen summ herum!

Summ, summ, summ!
Bienchen summ herum!
Such in Blüten, such in Blümchen
Dir ein Tröpfchen, dir ein Krümchen
Summ, summ, summ!
Bienchen summ herum!

Summ, summ, summ!
Bienchen summ herum!
Kehre heim mit reicher Habe,
Bau uns manche volle Wabe,

Summm, summ, summ!
Bienchen summ herum!

Summ, summ, summ!
Bienchen summ herum!
Wollen bei den Christgeschenken
Freudig deiner auch gedenken
Summ, summ, summ!
Bienchen summ herum!

Summ, summ, summ!
Bienchen summ herum!
Mit dem Wachsstock dann wir suchen
Pfeffernüss' und Honigkuchen
Summ, summ, summ!
Bienchen summ herum!

Hummeln

Fleißige Arbeiterinnen

Robert hörte ein vertrautes Summen. Er las nach dem Frühstück noch die Zeitung und war auf der Terrasse sitzen geblieben. Er genoss es, morgens seinen Kaffee draußen zu trinken und mit der Natur in den Tag zu starten. Die Hummeln, die um die nektarreichen Blüten in den Beeten herumflogen, waren schon fleißig bei der Arbeit. Sie sahen wunderbar weich aus. Robert beobachtete sie einen Augenblick lang. Auch wenn sie nach außen hin sehr fleißig waren, schienen sie innerlich eine ganz besondere Ruhe zu haben, die es ihnen ermöglichte, den richtigen Weg zu den besten Blüten zu finden. Kurz schloss Robert die Augen und erinnerte sich an viele wunderbare Sommermomente auf der Terrasse, die jeder für sich einzigartig und zusammen wunderschön waren.

Gesprächsimpulse

- Hatten Sie einen Garten, in dem Sie sich aufhalten und die Natur genießen konnten? Welche Momente mochten Sie dort am meisten? Haben Sie sich gerne um den Garten gekümmert oder ihn lieber als Erholungsort fernab des Alltags genossen?

- Wenn Sie an den Sommer denken, welche besonderen Augenblicke und damit verbundenen Gefühle sind Ihnen in Erinnerung geblieben? Welche Momente waren einzigartig? Welche kamen jedes Jahr wieder und hatten dadurch ihren besonderen Zauber?

- Hummeln und Bienen sind Insekten, die sich im Sommer in unseren Gärten wohlfühlen. Haben Sie die Tiere gerne um sich gehabt? Gab es noch andere Tiere, die es sich im Sommer in Ihrem Garten gemütlich gemacht haben?

- Der „Hummelflug" ist das bekannte musikalische Zwischenspiel einer Oper des russischen Komponisten Rimski-Korsakow. Kennen Sie dieses Musikstück? Sind Sie gerne in die Oper oder ins Theater gegangen? Welche Aufführungen haben Sie sich gerne angesehen? An welche Theater- oder Opernbesuche erinnern Sie sich, weil sie etwas Besonderes waren?

- Welche Rituale gab es in den Sommermonaten in Ihrem Leben? Vielleicht ein regelmäßiges Frühstück auf dem Balkon oder der Terrasse? Morgendliche Schwimmrunden oder abendliche Spaziergänge um die Felder? Was hat Ihnen gutgetan? An welche Aktivitäten oder Unternehmungen erinnern Sie sich gerne?

Wusssten Sie das?

- In Deutschland gibt es 36 Hummelarten, weltweit sind es mehr als 250. Hummeln wohnen in Regionen mit einem gemäßigten oder kalten Klima.
- Die größten Hummeln der Welt leben in Südamerika. Sie werden bis zu vier Zentimeter lang.
- Der schnelle Stoffwechsel der Hummeln zwingt sie dazu, ständig Nahrung aufzunehmen.
- Hummeln sind zwar friedliche Tiere, können aber dennoch stechen, wenn sie sich bedroht fühlen. Nach einem Stich leben sie weiter. Allerdings haben nur die weiblichen Hummeln einen Stachel.
- Um ihr Nest im Sommer zu kühlen, wedeln Hummeln am Eingang schnell mit ihren Flügeln.

Rätselideen

Einen Namen finden

Stellen Sie sich vor, dass eine Erdhummel bei Ihnen im Garten eingezogen ist. Sie haben sich an das kleine, pelzige Tier gewöhnt und es ist Ihnen ans Herz gewachsen. Welchen Namen würden Sie dieser Hummel geben?

Wörter, die mit „Sum" beginnen

Finden Sie Wörter, die mit „Sum" beginnen.
Beispiellösungen: Summe, summen, Sumsemann, Sumpf.

Das passt noch

Ich bin die Frau Hummel

(Volkslied)

Ich bin die Frau Hummel und bitt dich Kathrinchen,
komm mit mir zum Bummel, du fleißiges Bienchen.
|: Summ, summserum, summ,
summ, summ, summ, summ, summ :|

Ich geh nicht mit bummeln zum Gucken und Gaffen;
grad will ich mich tummeln zum Sammeln und Schaffen.
|: Summ, summserum, summ,
summ, summ, summ, summ, summ :|

Ich sammle für alle, die Honig gern schlecken
und stech nur im Falle sie schlagen und necken.
|: Summ, summserum, summ,
summ, summ, summ, summ, summ :|

Kirschen

Unterm Kirschbaum

Lisa saß in ihrem Gartenstuhl und betrachtete voller Stolz die Farbenpracht ihrer Beete. Die Kirschbäume spendeten ihr Schatten und sie konnte schon einige rote Früchte erspähen. Doch sie war nicht die Einzige, die sie entdeckt hatte. Einige verspielte Amseln flogen geschäftig von Ast zu Ast und bedienten sich geschickt an den saftigen Kirschen. Während Lisa die Vögel still beobachtete, gönnten sich die Amseln ein kleines Festmahl. Lisa konnte ihnen den Diebstahl nicht übelnehmen. Sie wirkten so vergnügt und unbeschwert, dass sie lächeln musste. Die gefiederten Besucher feierten den Überfluss des Sommers und Lisa gönnte es ihnen von Herzen.

Gesprächsimpulse

- Kirschen gehören zu den beliebtesten Fruchtsorten des Sommers. Mögen Sie Kirschen? Haben Sie als Kind Kirschen gegessen?
- Kirschen kann man roh essen oder verarbeiten. Essen Sie gerne Kirschkuchen, Kirschmarmelade oder andere Rezepte mit Kirschen?
- Kirschkern-Weitspucken ist ein beliebtes Kinderspiel. Haben Sie schon einmal Kirschkern-Weitspucken gespielt? Erzählen Sie davon.
- Es gibt verschiedene Strategien, um Obst und Gemüse vor Vögeln zu schützen. Welche kennen Sie? Haben Sie zum Beispiel schon einmal eine Vogelscheuche aufgestellt oder ein Netz über einen Obstbaum gespannt?

Wussten Sie das?

- Die beliebten Süßkirschen gehören zur Pflanzenart „Vogelkirsche".
- Kirschbäume können bis zu 30 Meter hoch und bis zu 90 Jahre alt werden.
- In der Türkei werden weltweit am meisten Süßkirschen angebaut.
- Die Fläche, die in Deutschland für den Anbau von Kirschen genutzt wird, ist bei den Obstsorten die zweitgrößte – sie kommt direkt nach den Äpfeln.
- Das harte Holz des Kirschbaums wird gerne für Möbel verwendet.
- Die Piemont-Kirschen aus Italien, mit denen die Mon-Chéri-Pralinen in den 1990er Jahren beworben wurden, sind ein Mythos. Die Kirschen stammen tatsächlich aus dem kleinen Dorf Mösbach in Südbaden.

Rätselideen

Redewendung

Kennen Sie die Redewendung „Mit dem ist nicht gut Kirschen essen"?

- Was bedeutet das?
  Lösung: Dass man sich mit jemandem nicht gut versteht und es schwierig ist, sich mit dieser Person auf Dinge zu einigen.

- Kennen Sie Sprichwörter und Redewendungen, die das Gegenteil bedeuten?
  Beispiellösungen: „Mit jemandem Pferde stehlen können", „Mit jemandem durch dick und dünn gehen".

Zungenbrecher

Sprechen Sie gemeinsam mit den Teilnehmenden den Zungenbrecher „Kirschkern-spuckende Kinder gehen zur Kirche, zur Kirche gehen Kirschkern-spuckende Kinder". Im Mittelpunkt steht der gemeinsame Spaß und nicht die fehlerfreie Aussprache.

Das passt noch

Rote Kirschen ess ich gern

(Volkslied)

Rote Kirschen ess ich gern,
schwarze noch viel lieber.
Alle Tage geh ich gern
in die Schule wieder.
Platz gemacht, Platz gemacht
für die reichen Damen.

Saß ein Kuckuck auf dem Ast
kam der Regen, macht ihn nass,
kam der liebe Sonnenschein,
diese, diese soll es sein!

Libellen

Der Libellenteich

An einem warmen Sommertag spazierte Johanna durch den in ihrer Nachbarschaft gelegenen Wald. An einem kleinen Teich setzte sie sich auf eine Bank. Auf der Wasseroberfläche schwirrten Libellen, es sah aus wie ein Tanz. Bei einer der Libellen schimmerten die Flügel auf eine besondere Art und Weise. Die anmutige Libelle schwebte mühelos über die Wasseroberfläche und landete auf einem Seerosenblatt. Ein Sonnenstrahl fiel auf die Libelle und gab dem Tier einen noch strahlenderen Glanz. Die Flügel glichen einem schimmernden Juwel. Johanna spürte eine besondere Verbindung zu der Libelle und freute sich über dieses kleine Wunder der Natur.

Gesprächsimpulse

- Haben Sie sich schon einmal Zeit genommen, um Libellen bei ihrem Treiben und ihrem Flug zu beobachten? Was ist Ihnen dabei aufgefallen? Welche Gedanken kommen Ihnen, wenn Sie an Libellen denken?

- Libellen gehören zu den Insekten, die schon sehr lange auf der Erde leben. Wie lange leben Sie schon auf dieser Welt? Gibt es positive Entwicklungen der Weltgeschichte, die sich auf Ihren persönlichen Lebensweg ausgewirkt haben?

- Libellen kommen zwar nicht nur an Gewässern vor, werden dort aber besonders häufig beobachtet. Was verbinden Sie mit dem Aufenthalt an Gewässern? Welche Arten von natürlichen Gewässern kennen Sie? Wie unterscheiden sich die Gewässerarten? Wie wirkt sich der Aufenthalt dort auf Ihre Gefühle aus?

- Der Libellenflug wirkt wie ein Tanz. Gibt es Tätigkeiten, die Ihnen genauso leicht von der Hand gehen, die Ihnen gefallen und in denen Sie aufgehen? Welche Tätigkeiten sind das?

- Die Farben und Flügel der Libellen wirken, als ob sie glitzern und funkeln. Welche Dinge, die glitzern und funkeln, kennen Sie noch? Welche dieser Dinge sind wertvoll, welche dieser Dinge bedeuten Ihnen etwas?

- Ein Platz, an dem man landet, kann ein Platz sein, an dem man sich wohlfühlt, ein Platz, an dem man Ruhe findet. Gibt es für Sie einen solchen Platz – einen Platz, an dem Sie sich wohlfühlen und an dem Sie Ruhe finden?

Wussten Sie das?

- Innerhalb der Insektenforschung gibt es eine eigene Wissenschaftsdisziplin, die sich nur der Erforschung von Libellen widmet. Sie nennt sich Odonatologie.
- Libellen können ihre Flügelpaare auch unabhängig voneinander bewegen. Dadurch können sie rückwärts fliegen oder in der Luft „stehen bleiben".
- Die großen Facettenaugen bestehen bei manchen Libellenarten aus bis zu 30 000 Einzelaugen.
- Die Larven der Libelle leben in Gewässern. Libellen mögen grundsätzlich stehende Gewässer (wie Tümpel, Teiche und Seen) lieber als fließende Gewässer (wie Bäche und Flüsse).
- In der Karbonzeit vor etwa 300 Millionen Jahren gab es Riesenlibellen, die eine Flügelspannweite von bis zu 72 Zentimetern hatten.

Rätselideen

Anagramm

Bilden Sie aus den Buchstaben des Wortes „Libelle" so viele neue Wörter wie möglich.
Beispiellösungen: Liebe, Beil, lieb, Ei, Eibe, Leib, bei, Bill.

Synonyme

Die Flügel von Libellen leuchten farbenfroh in der Sonne. Finden Sie Wörter, mit denen man dieses farbenfrohe Leuchten beschreiben kann.
Beispiellösungen: schillern, funkeln, glitzern, glänzen, spiegeln, schimmern.

Das passt noch

Die Freuden (1827)

von Johann Wolfgang von Goethe

Es flattert um die Quelle
Die wechselnde Libelle,
Mich freut sie lange schon;
Bald dunkel und bald helle,
Wie das Chamäleon,
Bald rot, bald blau,
Bald blau, bald grün.
O dass ich in der Nähe
Doch ihre Farben sähe!

Sie schwirrt und schwebet, rastet nie!
Doch still, sie setzt sich an die Weiden.
Da hab ich sie! Da hab ich sie!
Und nun betracht ich sie genau,
Und seh ein traurig dunkles Blau –
So geht es dir, Zergliedrer deiner Freuden!

Wir Libellen (1842)

von Hoffmann von Fallersleben

Wir Libellen
hüpfen in die Kreuz und Quer
auf den Quellen
und den Bächen hin und her

Schwirrend schweben
wir dahin im Sonnenglanz:
Unser Leben
Ist ein einz'ger Reigentanz.

Wir ernähren
Uns am Strahl des Sonnenlichts
Und begehren,
Wünschen, hoffen weiter nichts.

Mit dem Morgen
Traten wir ins Leben ein;
Ohne Sorgen
Schlafen wir am Abend ein.

Heute flirren
Wir in Freud und Sonnenglanz;
Morgen schwirren
Andre hier im Reigentanz.

Löwenzahn und Pusteblume

Löwenzahn und Pusteblume

Sie war für sie der Inbegriff dafür, dass aus einer Veränderung ein wundervoller Neuanfang wachsen kann. Monika hatte eine Pusteblume in der Hand und hielt sie gegen die Sonne. Sie sah sich die zarten Federbüschel an, durch die das Sonnenlicht hindurchblitzte. Am Rande des Feldweges standen noch unzählige Pusteblumen und dazwischen gelber Löwenzahn. Monika war ganz vorsichtig mit der Blume in ihrer Hand, damit die Samenkörner nicht vom Wind weggeweht wurden. Monika mochte sie beide – den Löwenzahn und die Pusteblume. Doch am meisten liebte sie die Verwandlung von einem zum anderen, dieses beeindruckende Wunder der Natur. Aus dem Vergänglichen wurde plötzlich der Anfang neuen Lebens. Das, was gegangen war, hatte einen Zauber inne. Einen Zauber, der neues Leben schenkte.

Gesprächsimpulse

- Es ist ein und dieselbe Pflanze, doch welche mögen Sie lieber, den Löwenzahn oder die Pusteblume? Warum mögen Sie die eine lieber als die andere?

- Im Garten gilt der Löwenzahl eher als lästiges Unkraut, da er sich rasant vermehrt. Hatten Sie einen Garten und gab es dort Löwenzahn? Wenn ja, haben Sie ihn wachsen lassen oder gejätet? Welche Pflanzen kennen Sie noch, die als Unkraut gelten, aber eigentlich hübsch anzusehen sind?

- Löwenzahn kann heilend wirken. Er hilft beispielsweise bei Erkrankungen des Magen-Darm-Traktes, bei Nieren- und Lebererkrankungen und rheumatischen Beschwerden. Haben Sie Löwenzahn schon einmal als Hausmittel verwendet? Wenn ja, wie und wogegen? Haben Sie Löwenzahn schon einmal als Salat zubereitet?

- Oft wird Kindern erzählt, dass sie sich etwas wünschen dürfen, wenn Sie die Samen der Pusteblume in die Luft pusten. Was haben Sie sich als Kind in solchen Momenten gewünscht? Was würden Sie sich heute wünschen, wenn die fliegenden Samen einer Pusteblume Wünsche erfüllen könnten?

- Wie sind Sie mit Veränderungen in Ihrem Leben umgegangen? Haben Sie Veränderungen gerne angenommen oder war es für Sie schwierig, diese zu leben? Gab es Veränderungen, die sich gut umsetzen ließen? Und welche, die sich schwer umsetzen ließen? Hat sich Ihr Umgang mit Veränderungen im Lauf Ihres Lebens verändert?

Wussten Sie das?

- Hieronymus Bock schreibt in einem bekannten Kräuterbuch aus dem 16. Jahrhundert, dass die spitzen Zähne seiner Blätter dem Löwenzahn seinen Namen gegeben haben.

- Die Wurzeln des Löwenzahns wurden in der Nachkriegszeit als Kaffee-Ersatz genutzt. Um den Kaffee-Ersatz herzustellen, wurden die Wurzeln getrocknet und gemahlen.

- Löwenzahn wird auf vielfältige Weise in der Küche eingesetzt. Aus den Blüten kann man Sirup und Gelee herstellen, die Blätter eignen sich für Salat oder als Spinat-Ersatz.

- Im Volksmund hat der Löwenzahn sehr viele Namen, zum Beispiel Milchblume, Ringelstock, Weihfäcke, Saublume, Hundsblume, Kuhblume, Bettnässer und Pissblume. Besonders in Bezug auf die harntreibende Wirkung hat der Löwenzahn noch weitere umgangssprachliche Bezeichnungen.

- Ab 1992 war auf der Rückseite des 500-DM-Scheins ein Löwenzahn mit einem Falter und einer Raupe abgebildet.

Rätselideen

Assoziation

Die Blüte des Löwenzahns hat ein leuchtendes Gelb. Welche anderen Blumen, Pflanzen, Tiere, Gemüse- und Obstsorten kennen Sie, die eine leuchtend gelbe Farbe haben oder haben können?

Beispiellösungen: Butterblumen/Hahnenfuß, Sonnenblumen, Narzissen, Tulpen, Kanarienvögel, Honigmelonen, Zitronen, Mirabellen, Bananen.

Namen ausdenken

Der Löwenzahn wird manchmal auch Kuhblume genannt, weil Kühe ihn so gerne fressen. Welche bildlichen Namen könnte man dem Löwenzahn noch geben und warum? Lassen Sie Ihrer Fantasie freien Lauf.

Beispiellösungen: Kükenblume, weil die Blüten aussehen wie flauschige Küken; Fallschirmblume, weil die Samen wie kleine Fallschirme aussehen.

Das passt noch

Löwenzahn und Pusteblume

In der Natur sind wir Zuhaus',
Deshalb muss der Mensch öfter raus.

Wir sind ein Teil von einem Kreis,
ein Löwenzahn ist der Beweis.

Betrachte ihn mal ganz genau.
Er ist wie Kind und Mann und Frau.

Die Jugend gelb, das Alter weiß,
Am Anfang prall, der Abgang leis,

Doch wenn der Wind das Schirmchen trägt,
Weiß man nicht, wohin es geht.

Marmelade

Frühstücksmarmelade

Heinz schnitt sein knuspriges Brötchen durch und betrachtete voller Freude das Glas mit der roten Kirschmarmelade. Seine Tante hatte die selbst gemachte Marmelade am Vortag vorbeigebracht. Etwas Butter auf die Unterseite des Brötchens und dann war es an der Zeit, das Glas zu öffnen. Heinz brauchte etwas Kraft, um den Deckel des Marmeladenglases zu drehen, dann machte es „plopp", und das Glas war geöffnet. Beim Verstreichen spürte er die glatte Textur, die nur von einigen saftigen Kirschstückchen gestört wurde. Der erste Bissen war genau der Genuss, an den Heinz sich erinnerte. Er schmeckte nach süßem Sommer.

Gesprächsimpulse

- Die mit Abstand beliebteste Marmeladensorte Deutschlands ist Erdbeermarmelade. Welche Marmeladensorten mögen Sie? Bevorzugen Sie es, immer die gleiche Marmeladensorte zu essen, oder haben Sie gerne mal etwas Abwechslung?
- Gelee, feine Marmelade oder Marmelade mit Fruchtstückchen, Geschmäcker sind verschieden. Wie bevorzugen Sie Ihre Marmelade? Dürfen Fruchtstückchen drin sein? Oder mögen Sie die Marmelade lieber ohne?
- Marmelade ist ein Produkt, das in vielen Familien auch heute noch selbst hergestellt wird. Haben Sie schon einmal selbst Marmelade gekocht? Gibt es in Ihrer Familie Menschen, die selbst Marmelade einkochen?
- Gläser für Marmelade kann man kaufen oder sammeln. Wenn Sie selbst schon einmal Marmelade gekocht haben, was für Gläser haben Sie dafür verwendet?
- Marmelade kann man nicht nur pur genießen. Mögen Sie Marmelade in Kombination mit Käse oder vielleicht mit Quark?

Wussten Sie das?

- Das Wort „Marmelade“ stammt von dem portugiesischen Wort „marmelo“ für Quitte ab.
- Eigentlich ist die Bezeichnung „Marmelade“ nur für Aufstriche aus Zitrusfrüchten erlaubt. Deutschland und Österreich haben allerdings Ausnahmeregelungen geschaffen, weil im deutschsprachigen Raum der Begriff traditionell auch für Produkte aus anderen Früchten genutzt wird.
- Schon im alten Rom waren Produkte bekannt, die der heutigen Marmelade ähneln.

- Was im allgemeinen Sprachgebrauch als „Marmelade" bezeichnet wird, ist häufig Konfitüre oder ein Fruchtaufstrich. Die korrekte Bezeichnung hängt von der Zuckermenge und den verwendeten Zutaten ab.

- Zum Einkochen von Marmelade braucht es Pektin. Wenn dieses nicht in den Früchten selbst enthalten ist, muss man es hinzufügen (zum Beispiel durch Gelierzucker).

Rätselideen

Wörter, die mit „Ma" beginnen

Finden Sie Wörter, die wie „Marmelade" mit dem Buchstabenpaar „Ma" beginnen.
Beispiellösungen: Mama, Mango, Mannschaft, Marmor, Macke, Mahnung, Makel, Mai.

Synonyme

Um Marmelade zu kochen, müssen Früchte zerkleinert werden. Finden Sie Wörter, die ein Synonym für „zerkleinern" oder eine Art des Zerkleinerns sind.
Beispiellösungen: zermalmen, zerstückeln, kleinschneiden, hacken, zerstoßen, zerbröckeln, zerreißen, zermahlen.

Das passt noch

Wählen Sie ein paar der Strophen aus und vergessen Sie die letzte nicht.

Meine Oma fährt im Hühnerstall Motorrad (1930er Jahre)

Meine Oma fährt im Hühnerstall Motorrad, Motorrad, Motorrad,
meine Oma fährt im Hühnerstall Motorrad,
meine Oma ist 'ne ganz patente Frau.

Marmelade

Meine Oma hat im Backenzahn ein Radio, ein Radio, ein Radio ...

Meine Oma backt im Kühlschrank eine Torte, eine Torte, eine Torte ...

Meine Oma hat 'nen Nachttopf mit Beleuchtung, Beleuchtung, Beleuchtung ...

Meine Oma hat 'nen Löffel mit Propeller, Propeller, Propeller ...

Meine Oma hat 'nen Goldfisch, der raucht Pfeife, der raucht Pfeife, der raucht Pfeife ...

Meine Oma hat 'nen Papagei mit Bluejeans, mit Bluejeans, mit Bluejeans ...

Meine Oma hat Klosettpapier mit Blümchen, mit Blümchen, mit Blümchen ...

Meine Oma hat 'ne Brille mit Gardinen, mit Gardinen, mit Gardinen ...

Meine Oma hat 'nen Kochtopf mit 'nem Lenkrad, mit 'nem Lenkrad, mit 'nem Lenkrad ...

Meine Oma hat 'nen Dackel, der trägt Höschen, der trägt Höschen, der trägt Höschen ...

Meine Oma guckt die Tagesschau mit 'nem Fernrohr, mit 'nem Fernrohr, mit 'nem Fernrohr ...

Meine Oma fährt im Nachttopf auf der Elbe, auf der Elbe, auf der Elbe ...

Meine Oma macht aus Kuhdreck Marmelade, Marmelade, Marmelade ...

Melonen

Auf dem Wochenmarkt

Das rege Treiben des Marktes war etwas, das Sophie schon immer gemocht hatte. Heute brauchte sie eigentlich nichts, sie war nur da, um sich alles anzuschauen und die Atmosphäre zu genießen. Am Obststand blieb sie aber doch etwas länger stehen und betrachtete die großen dunkelgrünen Wassermelonen. Es war ein warmer Sommertag und eine saftige Melone wäre genau das Richtige. Sie klopfte einmal auf die Schale der Melone und der dumpfe Klang verriet ihr, dass sie die perfekte Reife hatte. Sie kaufte die Melone und beeilte sich, nach Hause zu kommen, um die Melone anzuschneiden. Die Melone war genauso süß, saftig und lecker, wie Sophie es sich erträumt hatte. Gut, dass sie heute zum Markt gegangen war.

Gesprächsimpulse

- Bei Melonen verrät ein Klopfen auf die Schale, ob die Frucht reif und schmackhaft ist. Wie erkennt man die Frische bei anderen Obst- und Gemüsesorten? Worauf achten Sie oder haben Sie geachtet, wenn Sie Obst und Gemüse gekauft haben?

- Wassermelonen haben meistens Kerne, die manche Menschen mitessen und andere heraussuchen oder ausspucken. Wie essen Sie Ihre Wassermelone? Mit Kernen, suchen Sie die Kerne heraus oder spucken Sie sie aus?

- Es gibt viele verschiedene Melonensorten. Welche kennen Sie? Kannten Sie diese Melonensorten schon immer? Wissen Sie noch, wann oder wie Sie die Melonenarten kennengelernt haben?

- An einem heißen Sommertag können Melonen herrlich erfrischend sein. Welche anderen Möglichkeiten kennen Sie, mit denen man sich an einem Sommertag erfrischen kann? Welche mögen Sie am liebsten?

Wussten Sie das?

- Aus botanischer Sicht sind Melonen keine einheitliche Gruppe. Sie gehören zur Familie der Kürbisgewächse und manche Melonenarten gehören zur Gattung der Gurken.

- In Japan gibt es Bauern, die Melonen in Glas- oder Kunststoffkästen züchten, sodass die Melonen am Ende eine eckige Form haben. Es gibt auch Melonen in anderen Formen. Man kann sich sogar Formen kaufen, um eigene Melonen in unterschiedlichen Formen zu züchten.

- Die Cantaloupe-Melone hat ihren Namen zwar von einem Ort in Italien, ursprünglich kommt sie aber aus dem Iran. Sie ist eine der ältesten Kulturpflanzen der Welt.

- Die teuersten Melonen wachsen in Japan. In einem Dorf namens Yubari werden Zuckermelonen auf vulkanischem Boden gezüchtet und für Beträge im vierstelligen Bereich verkauft. Die Melonen dürfen an keinem anderen Ort gezüchtet werden und heißen „Yubari King“.

Rätselideen

Gemeinsamkeiten finden

Finden Sie Dinge, die etwas mit einer Melone gemeinsam haben.

- Eine Melone ist saftig. Was ist noch saftig?
  Beispiellösungen: Pfirsich, Mandarine, Pflaume.

- Eine Melone ist rund. Was ist noch rund?
  Beispiellösungen: Ball, Globus, Orange/Apfelsine.

- Eine Melone ist süß. Was ist noch süß?
  Beispiellösungen: Zucker, Honig, Apfel, Torte.

Was würden Sie tun?

Überlegen Sie gemeinsam, was Sie in folgender Situation tun oder denken, würden:

Sie stehen an einem Hügel und sehen eine Melone, die den Hügel hinunter direkt auf Sie zurollt.

Das passt noch

Die Melone prall und rund

In einem Garten schön und grün,
dort sieht man nicht nur Blumen blühn.
Neben den Blumen, so schön und so bunt,
wächst die Melone schön prall und ganz rund.

Sie braucht den Regen, der ab und zu weint,
sie liebt die Sonne, die hell und klar scheint.
Der Wind, er schenkt eine leichte Brise,
die Pflanze sie mag Tage wie diese.

Doch heute ist die Zeit gekommen,
die Frucht wird mit ins Haus genommen.
Die Melone wird, ohne lange zu bitten,
mit einem Messer abgeschnitten.

Die Schale ist grün gestreift und ganz hart,
das Innere rot, saftig und zart.
Alle fiebern beim Anschneiden mit,
der Saft, er spritzt schon beim ersten Schnitt.

Der Saft, er funkelt, zeigt Frische, schafft Glanz,
das wird ein Festschmaus, für die Zunge ein Tanz.
Die Scheiben, sie liegen schon bald auf dem Teller,
Johanna greift zu, aber Achim war schneller.

Nur Ruh, lacht die Mutter, es gibt doch genug!
Und dann ist auch Johanna am Zug.
Auch Mutter und Vater greifen gern zu
und dann verschwindet die Frucht wie im Nu.

Ein Biss, und der Saft tropft vom Kinn und vom Mund,
die Melone, sie schmeckt und ist auch noch gesund.
Der eine sieht Kerne und pickt sie heraus,
den anderen stören sie gar nicht beim Schmaus.

So wär die Geschichte der Frucht jetzt zu Ende,
doch schauen wir zu Achim, auf seine Hände.
Dann sehen wir dort in der Faust von dem Jungen
bis ganz in das Innere der Hand vorgedrungen,

drei von den Kernen, die hat er gerettet,
sie werden schon bald in die Erde gebettet
und dann wird auch im nächsten Jahr,
das geschehen, was immer geschah:

Er wird die Kerne gewissenhaft gießen
und bald schon wird aus dem Kern etwas sprießen.
Die Pflanze wird wachsen, die Zeit wird vergehen
und was werden wir dann im nächsten Jahr sehen?

Neben den Blumen, so schön und so bunt,
wächst die Melone schön prall und ganz rund.

Mohnblumen

Mohnblumen am Morgen

Die allmorgendlichen Spaziergänge gehörten für sie zu einem geliebten Ritual. Sabine drehte jeden Morgen vor dem Frühstück ihre Runde durch Wald und Feld, zu jeder Jahreszeit, an jedem Tag der Woche. Die sommerlichen Spaziergänge mochte sie am liebsten. Die Felder sahen fast jeden Morgen anders aus. Heute Morgen hatten sie die leuchtenden Blüten der ersten Mohnblumen auf ihrem Weg überrascht. Die roten Tupfen zwischen all dem Grün sahen wunderschön aus. Als sie näherkam, erblickte sie die volle Schönheit der zarten Blüten. Sie waren so zerbrechlich und gleichzeitig so kraftvoll. Sabine kniete sich hin und strich vorsichtig über den Stängel. Sie spürte eine tiefe Dankbarkeit für diese kleinen Wunder der Natur.

Gesprächsimpulse

- Gab es Rituale in Ihrem Leben, die Sie gerne und bewusst gelebt haben? Welche Rituale waren das? Wie haben sich diese im Lauf Ihres Lebens verändert? Hatten die Jahreszeiten einen Einfluss darauf, wie die Rituale gelebt wurden? Waren und sind Gewohnheiten wichtig für Sie?

- Die Mohnblumen in der Geschichte sind kleine Farbtupfer, die eine Besonderheit im großen einheitlichen Grün darstellen. Welche Momente gab es in Ihrem Leben, die für Sie eine Art Farbtupfer waren und Abwechslung gebracht haben? An welche dieser besonderen Augenblicke können Sie sich auch jetzt noch erinnern?

- Sind Sie gerne spazieren gegangen? Wenn ja, welche Runden sind Sie gerne gegangen? Konnten Sie rund um Ihr Zuhause gut spazieren gehen oder sind Sie erst ein Stück gefahren? Waren Sie für gewöhnlich allein unterwegs oder war jemand an Ihrer Seite?

- Die Blüten der Mohnblumen wirken zerbrechlich und gleichzeitig voller Kraft. Gab es in Ihrem Leben jemanden, der solche Wesenszüge hatte? Einen Menschen, der mit seiner Energie andere anstecken konnte, auf der anderen Seite aber auch sehr sensibel und verletzlich war?

- In welchen Situationen sind Ihnen Mohnblumen begegnet? An was denken Sie zuerst, wenn Sie an Mohnblumen denken? Gefallen Ihnen die Blumen? Mögen Sie Mohn im Kuchen oder auf dem Brötchen?

Wussten Sie das?

- Der Milchsaft der Mohnpflanzen ist giftig, er enthält Alkaloide.
- In Polen gilt Mohn als Nationalblume. Sie wird dort „Mieszko“ genannt, nach einem Fürsten, der im 10. Jahrhundert lebte.
- Die Wurzeln von Klatschmohn wachsen bis zu einem Meter tief in die Erde.
- In Nordafrika wird aus Klatschmohn traditionell Schminke hergestellt. Dort vermutet man auch den Ursprung der heutigen Mohnpflanzen.
- Mohn hat sich mit dem Ackerbau auf der Welt verbreitet. Die Körner des Mohns gelangen leicht in das Saatgut und werden so – unbeabsichtigt – mit ausgesät.

Rätselideen

Reime finden

Finden Sie gemeinsam möglichst viele Reimwörter zu dem Wort „Mohn“.
Beispiellösungen: Sohn, Hohn, Lohn, Hormon, Ozon, schon, Ton, Thron, Spion, Person, Fraktion.

Wo kommt das her?

Lesen Sie den Teilnehmenden die folgende Liedzeile vor und lassen Sie sie erraten, aus welchem Lied sie stammt:

Und im Sommer, da blüht der rote, rote Mohn …
Lösung: Jetzt kommen die lustigen Tage.

Das passt noch

Jetzt kommen die lustigen Tage

(Volkslied aus dem 19. Jahrhundert)

Jetzt kommen die lustigen Tage
Schätzel Ade
Und dass ich es dir nur sage
es tut mir gar nicht weh;
Und im Sommer da blüht
der rote, rote Mohn
Und ein lustiges Blut
kommt überall davon.
Schätzel Ade, Ade
Schätzel Ade

Und morgen da müssen wir wandern
Schätzel Ade
Und küsst du gleich einen Andern
wenn ich es nur nicht seh'
Und seh ich's im Traum
so bild ich mir denn ein
Das ist gar nicht so
so kanns ja gar nicht sein.
Schätzel Ade, Ade.
Schätzel Ade.

Und kehr ich dann einstmals wieder
Schätzel Ade,
so sing ich die alten Lieder
vorbei ist all mein Weh,
Und bist du so lieb
wie einstmals im Mai
so bleib ich bei dir
auf ewige Treu
Schätzel Ade, Ade,
Schätzel Ade.

Möwen

An der Küste

Gedankenverloren spazierte Michael an der Küste entlang. Das sanfte Rauschen der Wellen erzeugte einen wunderbaren Klang und er genoss die salzige Meeresluft. Das Geräusch der Wellen wurde immer wieder durch das Kreischen der Möwen unterbrochen. Michael bemerkte, wie eine Möwe sich vom Himmel löste, näherkam und auf dem Sand landete. Sie blickte in Michaels Richtung und es schien fast, als ob sie ihm einmal zunickte. Neugierig fixierte sie ihn mit ihren Möwenaugen. Dann, so unvermittelt wie sie gekommen war, streckte die Möwe ihre Flügel wieder aus und hob elegant ab. In einer spiralförmigen Bewegung stieg sie in den Himmel auf und wurde wieder ein Teil des großen Ganzen.

Gesprächsimpulse

- Erinnern Sie sich an Begegnungen mit Möwen? Wo haben Sie in Ihrem Leben schon Möwen gesehen?
- Möwen sind dafür bekannt, dass sie gerne Essen stehlen. Haben Sie schon mal erlebt, dass eine Möwe Ihnen oder jemand anderem Essen stehlen wollte? Hat sie es geschafft? Was haben Sie in der Situation gemacht?
- Es gibt viele verschiedene Möwenarten. Welche können Sie unterscheiden? Gibt es Möwenarten, die Sie lieber mögen als andere?
- Das Kreischen der Möwen hat einen eigenen Klang. Kennen Sie weitere Vogelarten, die einen ganz besonderen Ruf haben? Welche sind das und wie klingen sie?
- Manchmal haben wir Begegnungen, bei denen wir uns mit jemandem verbunden fühlen, ohne dass viel geredet wird. Hatten Sie schon mal so eine Begegnung? Wenn ja, wann und wo war das? Was war das für ein Gefühl?

Wussten Sie das?

- Möwen gehören zu den glücklichen Vögeln, deren Bestand zunimmt. Es gibt jedes Jahr mehr Möwen in Deutschland.
- Möwen sind zwar typisch für Küstenregionen, aber zum Teil auch in Großstädten verbreitet. Die häufigste Möwenart in Berlin ist die Lachmöwe.
- Mantelmöwen können sehr groß werden. Ihre Flügelspannweite erreicht bis zu 1,70 Meter.
- Die Beine der einzelnen Möwenarten unterschieden sich stark in ihrer Farbe. Es gibt sowohl Möwen mit gelben Beinen als auch Möwen mit roten oder rosafarbenen Beinen.
- Christian Morgenstern behauptete 1905 in seinem „Möwenlied", dass alle Möwen so aussähen, als hießen sie „Emma".

Rätselideen

Was würden Sie tun?

Überlegen Sie gemeinsam, was Sie in folgender Situation tun würden:

Sie haben sich am Strand ein Eis in der Waffel gekauft und eine Möwe fliegt direkt auf Sie zu.

Zungenbrecher

Üben Sie gemeinsam den Zungenbrecher „Möchtegerne mögen Möwen, Möwen mögen Möchtegerne".

Im Mittelpunkt steht der gemeinsame Spaß und nicht die fehlerfreie Aussprache.

Das passt noch

Möwenlied (1905)

von Christian Morgenstern

Die Möwen sehen alle aus,
als ob sie Emma hießen.
Sie tragen einen weißen Flaus
und sind mit Schrot zu schießen.

Ich schieße keine Möwe tot,
ich lass sie lieber leben –
und füttre sie mit Roggenbrot
und rötlichen Zibeben.

O Mensch, du wirst nie nebenbei
der Möwe Flug erreichen.
Wofern du Emma heißest, sei
zufrieden, ihr zu gleichen.

Muscheln

Am Sandstrand

Matthias hatte seine Schuhe ausgezogen, um den Sand unter seinen Füßen zu spüren. Der Sand war warm, aber nicht heiß, und manchmal bildete Matthias sich ein, die einzelnen Körner spüren zu können. Beim nächsten Schritt spürte er nicht nur die Sandkörner, sondern auch etwas Hartes, das seinen Fuß berührte. Er bückte sich, um es aufzuheben. Es war eine kleine unscheinbare Herzmuschel. Fast weiß und perfekt geformt lag sie in seiner Hand. Ein winziges Stück Natur, das seinen Weg zu ihm gesucht hatte. Matthias steckte die Muschel in seine Hosentasche. Sie würde ihn von nun an begleiten und ihm Glück bringen.

Gesprächsimpulse

- Haben Sie schon einmal Muscheln gesammelt? Wissen Sie, wie die Muscheln hießen? Erinnern Sie sich, wo Sie Muscheln gesammelt haben?
- Barfuß auf einem Sandstrand zu laufen, ist ein besonderes Gefühl. Haben Sie das schon mal gemacht? Können Sie sich das Gefühl in diesem Moment ins Gedächtnis rufen?
- Einige Muschelarten produzieren Perlen. Hatten Sie schon mal Schmuck aus echten Perlen oder kennen Sie jemanden, der ein solches Schmuckstück besitzt oder besaß?
- Es gibt viele Dinge, von denen Menschen glauben, dass sie ihnen Glück bringen. Hatten Sie schon einmal einen Glücksbringer?
- Menschen sind Sammler, und das nicht nur bei Muscheln. Gibt es etwas, das Sie sammeln oder in der Vergangenheit gesammelt haben? Was ist das? Wenn Sie noch sammeln: Wie bewahren Sie es auf? Wenn Sie Ihre Sammlung aufgegeben haben: Was haben Sie damit gemacht?

Wussten Sie das?

- Muscheln findet man in allen Gewässern der Erde.
- Manche Muscheln bewegen sich mit ihrem Fuß sehr schnell von einem Ort zum nächsten, um sich dann wieder in den Sand einzugraben.
- Es gibt ungefähr 10 000 verschiedene Muschelarten.
- Eine Auster filtert bis zu 25 Liter Wasser pro Stunde.
- Die Flussperlmuschel ist selten, kommt aber auch in Deutschland vor. Dass eine Flussperlmuschel wirklich eine Perle enthält, passiert jedoch fast nie.

Rätselideen

Gegenteile finden

Eine Muschel kann viele Eigenschaften haben. Finden Sie das Gegenteil zu den folgenden Eigenschaften einer Muschel:

- schön, rau, funkelnd, weiß, einfarbig, gleichmäßig, einzigartig, klein
  Beispiellösungen: schön – hässlich, rau – glatt, funkelnd – matt, weiß – schwarz, einfarbig – bunt, gleichmäßig – ungleichmäßig, einzigartig – gewöhnlich, klein – groß.

Was passiert als Nächstes?

Beschreiben Sie den Teilnehmenden folgende kleine Szene und bitten Sie sie anschließend, ihre Fantasie spielen zu lassen. Was könnte als Nächstes passieren?

Ein junger Mann steht am Strand. Er hat einen kleinen Eimer mit Muscheln dabei. Er nimmt eine Muschel nach der anderen aus dem Eimer und legt ein großes Herz in den Sand. Dann ...

Das passt noch

Muscheln, Muscheln (1947)

von Wolfgang Borchert

Muscheln, Muscheln, blank und bunt,
findet man als Kind.
Muscheln, Muscheln, schlank und rund,
darin rauscht der Wind.

Darin singt das große Meer in
Museen sieht man sie glimmern,
auch in alten Hafenkneipen
und in Kinderzimmern.

Muscheln, Muscheln, rund und schlank,
horch, was singt der Wind:
Muscheln, Muscheln, bunt und blank,
fand man einst als Kind!

Paprika

Farbenfrohes Gemüse

Der Supermarkt war angenehm leer. Katharina stand in der Gemüseabteilung. Ihr Blick wanderte über die Regale mit dem frischen, knackigen Gemüse. Die Farbenvielfalt der Vitaminbringer strahlte Lebendigkeit aus. Ihr Blick blieb an den Paprikaschoten hängen, eine rote, eine gelbe und eine grüne teilten sich das Netz. Die Haut der Paprikaschoten glänzte und Katharina entschied, sie mitzunehmen. Die Paprika lagen fest und schwer in ihrer Hand. In Gedanken konnte Katharina den süßen frischen Geschmack der Schoten erahnen. Voller Vorfreude auf ein kulinarisches Erlebnis trug sie ihren Einkauf nach Hause.

Gesprächsimpulse

- Mögen Sie gerne Paprika? Mögen Sie alle Farben gleich gerne oder haben Sie eine Vorliebe?
- Haben Sie schon mal Paprika selbst angebaut? Wenn ja, welche Erfahrungen haben Sie dabei gesammelt?
- Gibt es Gerichte, bei denen Paprika für Sie dazugehört? Welche Rezepte mit Paprikaschoten haben Sie schon selbst zubereitet?
- Paprika wird in Pulverform auch als Gewürz verwendet. Bei welchen Gerichten mögen Sie Paprikapulver als Gewürz gerne? Bei welchen Gerichten empfinden Sie es als störend? Essen Sie gerne Paprika-Chips?
- Chili und Paprika sind der gleichen Gattung zugeordnet. Mögen Sie scharfes Essen? Haben Sie schon einmal so scharf gegessen, dass es unangenehm war? Was haben Sie dagegen unternommen?

Wussten Sie das?

- Milde Gemüsepaprika, die kaum noch scharf sind, wurden erst in den 1950er Jahren gezüchtet.
- Paprikapflanzen können bis zu 1,50 Meter hoch werden.
- Üblich sind Paprika in den Farben Rot, Gelb und Grün. Es gibt aber auch orangefarbene, weiße, schwarze und violette Paprika.
- Die Paprika stammt ursprünglich aus Mittel- und Südamerika.
- In Ungarn ist Paprika das Nationalgemüse.

Rätselideen

Alphabetische Reihenfolge

Bringen Sie die folgenden drei Gerichte aus einem Kochbuch in die richtige alphabetische Reihenfolge:

- Reis mit Paprika-Rahmsoße
- Kartoffel-Paprika-Auflauf
- Gefüllte Paprika
  Lösung: Gefüllte Paprika, Kartoffel-Paprika-Auflauf, Reis mit Paprika-Rahmsoße.

Zwillingswörter

Lesen Sie die folgenden Sätze vor und lassen Sie die Teilnehmenden das fehlende „Zwillingswort" ergänzen.

- Rote, gelbe und grüne Paprika liegen unsortiert in der Kiste, es sieht aus wie Kraut und ... ⇨ **Rüben.**
- Deine Paprikasuppe schmeckt hervorragend, ich bin hin und ... ⇨ **weg.**
- Paprika als Rohkost ist ein gesunder Snack für Jung und ... ⇨ **Alt.**

Das passt noch

Male aß gern Paprika (Lebt denn Male noch) (1893)

von Otto Teich

Male aß gern Paprika
Male trank gern Tee
Male war in Afrika
Male sagt nie Nee

Male ging in Gummischuh'n
Male trank gern Schnaps
Male war in Kamerun
Male hatt' 'nen Klaps

Refrain:
Male, Male
Lebt denn meine Male noch

Male, Male
lebt denn Male noch

Male fuhr Veloziped
Male macht Rumor
Male tanzte auch Ballett
Male sang Tenor

Male fuhr gern Luftballon
Male war entzückt
Male lutschte oft Bonbons
Male war verrückt

Refrain:
Male, Male ...

Male war zwei Meter hoch
Male spielte Skat
Male hat im Strumpf ein Loch
Male ging ins Bad

Male aß die Froschkeul'n gern
Male spielt Billard
Male liebte auch die Herr'n
Male war vernarrt

Refrain:
Male Male ...

Picknick

Picknick auf der Wiese

Voller Vorfreude packte Elisabeth alles in den bereitstehenden Korb. Eine Decke, Teller, Besteck, Käse, Baguette, Weintrauben und ein paar Stücke frisch gebackenen Marmorkuchen. Sie war mit ihrer besten Freundin verabredet und freute sich schon auf das Picknick. Einmal im Jahr trafen sie sich auf der grünen Wiese in der Nähe des Waldes, um zu picknicken. Jedes Mal wurde es ein besonderes Treffen. Umgeben von der Natur, den Tieren und fernab von anderen Menschen waren die Gespräche noch mal besonders intensiv. Schon auf dem Weg zur Picknickstelle genoss Elisabeth die Sommerluft. Ihre prickelnde Vorfreude wurde auch in diesem Jahr nicht enttäuscht.

Gesprächsimpulse

- Erinnern Sie sich an ein Picknick, das Sie gemacht haben? Woran erinnern Sie sich? Mit wem haben Sie gepicknickt? Wo haben Sie gepicknickt?

- Unterwegs im Freien zu essen, kann nicht nur bei einem geplanten Picknick schön sei. Auf Ausflügen in den Tierpark oder auf langen Autofahrten gehört es für viele Menschen dazu. Zu welchen Anlässen haben Sie sich etwas zu essen mitgenommen? Was haben Sie gerne mitgenommen?

- Stellen Sie sich vor, Sie müssten einen Picknickkorb für einen ganz besonderen Anlass zusammenstellen. Was würden Sie einpacken? Welche Speisen und Getränke dürften nicht fehlen?

- Gibt es Freunde, die in Ihrem Leben eine ganz besondere Rolle gespielt haben? Wie haben Sie diese Freunde kennengelernt?

Wussten Sie das?

- Schon die alten Griechen trafen sich im Freien zu einem Essen, bei dem jeder etwas mitbrachte, um es mit den anderen zu teilen.

- Die Tradition, die wir bis heute typischerweise mit einem Picknick verbinden, kommt aus Frankreich. Im 17. Jahrhundert trafen sich die Adeligen dort in der Natur, um miteinander zu speisen.

- Das Wort „Picknick“ kommt aus dem Französischen und setzt sich aus den Wörtern „piquer“ für „aufpicken“ und „nique“ für „Kleinigkeit“ zusammen.

- In England wurde das Picknick durch Queen Victoria bekannt und gehört bis heute zu den beliebten Freizeitaktivitäten. Im 19. Jahrhundert wurden dort auch die klassischen Picknickkörbe erfunden.

Rätselideen

Sätze vollenden

Lesen Sie die folgenden Satzanfänge vor und lassen Sie die Teilnehmenden ganz nach Belieben ergänzen.

- Zu einem Picknick gehört auf jeden Fall ...
- Wenn ich ein Picknick vorbereite, muss ich ...
- Herausforderungen beim Essen im Freien sind ...

Silben zählen

Bitten Sie die Teilnehmenden, Picknick-Wörter nachzusprechen und dabei die Silben zu zählen.
Wortbeispiele: Picknickdecke (4), Picknickkorb (3), Picknickgesellschaft (5).

Das passt noch

Essen in der Natur

Haben wir Hunger, so wird es uns schmecken,
wir brauchen auch gar keinen Tisch zu decken.
Auf der Wiese, dort haben wir Platz,
dort essen heut Ida, Karla und Matz.

Es gibt frische Früchte, Kuchen und Brot,
wir lieben das Leben und leiden nicht Not.
Das Wasser, das holen wir ganz frisch vom Bach,
Kaffee gibt's vom Kocher, der macht uns wach.

Wir lieben das Essen in der Natur,
es schmeckt alles frisch, herrlich und pur.

Rollschuhe

Helgas Rollschuhe

Das fröhliche Kinderlachen hatte sie ans Fenster gelockt. Helga lehnte auf dem Fensterbrett, das die Sonne aufgewärmt hatte. Der warme Stein fühlte sich angenehm an. Draußen auf der Straße fuhren Kinder Rollschuh. Helga schmunzelte. Sie hatte sich früher mit den Rollen unter den Füßen ganz oft auf den Hosenboden gesetzt. Freude gemacht hatte ihr das Rollschuhfahren aber trotzdem. Sie war so stolz auf ihre Rollschuhe gewesen – ein blütenweißer Schuh mit roten Rollen und lilafarbenen Schnürbändern. Die Erinnerungen brachten das glückliche Gefühl von früher zurück. Noch lange stand sie da und ließ sich von der Freude der Kinder unten auf der Straße anstecken.

Gesprächsimpulse

- Hatten Sie früher Rollschuhe? Wenn ja, sind Sie gerne damit gefahren? Oder hatten Sie lieber festen Boden unter Ihren Füßen? Haben Sie gerne Sport gemacht? Welche Sportarten mochten Sie gerne?

- An welche Dinge aus Ihrer Kindheit können Sie sich erinnern, die Sie gerne hatten oder auf die Sie ein bisschen stolz waren? Vielleicht ein Spielzeug, eine Jacke, Schuhe oder eine Tasche? Was war das für ein Gefühl? Haben Sie diese Dinge länger als üblich getragen oder behalten?

- Was haben Sie früher mit Ihren Freunden unternommen? Gab es eine Gruppe in der Nachbarschaft, mit der Sie Zeit verbracht haben? Wie haben Sie die Freizeit zusammen gestaltet? Wie haben Sie sich verabredet?

- Wie haben Sie Freundschaften im Erwachsenenalter gepflegt und gestaltet? Welche Interessen oder Hobbys haben Sie geteilt? Wie haben sich die Freundschaften entwickelt? Haben Sie heute noch Freundschaften aus Kindertagen?

- Was empfinden Sie, wenn Sie Kinder beim Spielen beobachten? Welche Erinnerungen werden wach, welche Gefühle löst das Zuschauen bei Ihnen aus? Hat sich Ihr Blick und das Gefühl im Laufe Ihres Lebens verändert?

Wussten Sie das?

- Die ersten Rollschuhe wurden für die Theaterbühne entwickelt und vor allem dort genutzt. Das lag auch daran, dass die Straßen damals noch nicht asphaltiert waren.

- In Berlin wurde im Jahr 1818 eine Oper mit Rollschuhen aufgeführt. Sie stammte von dem Komponisten Giacomo Meyerbeer und hieß „Der Maler und das Wintervergnügen“.

- In den Jahren 1959 und 1961 waren die deutschen Rollschuhtänzer Rita und Peter Kwiet Weltmeister.

- Seit den 1990er Jahren sind Rollschuhe, bei denen die Rollen hintereinander angeordnet sind, weit verbreitet. Sie werden „Rollerblades“ oder „Inlineskates“ oder kurz „Inliner“ genannt.

- In Deutschland gelten für Rollschuhe die gleichen Vorschriften wie für Fußgänger. Rollschuhe sind rechtlich gesehen keine Fahrzeuge.

Rätselideen

Satz mit Wörtern bilden

Bitten Sie die Teilnehmenden, einen Satz zu bilden, der die folgenden drei Wörter beinhaltet. Wenn Sie die Übung leichter gestalten möchten, geben Sie nur zwei Wörter oder ein Wort vor.

Rollschuhe – fahren – Kinder

Was passt nicht zu den anderen?

Nennen Sie jeweils die vier aufgeführten Begriffe und fragen Sie die Teilnehmenden, welcher Begriff nicht so richtig zu den anderen passt. Fragen Sie auch immer nach der Begründung. Meistens gibt es mehrere Möglichkeiten, die Übung zu lösen.

- Rollschuhe, Skateboard, Schlittschuhe, Fahrrad
  Beispiellösung: Schlittschuhe haben keine Rollen.

- Turnschuhe, Handschuhe, Wanderschuhe, Rollschuhe
  Beispiellösung: Handschuhe trägt man nicht an den Füßen.

- Rollschuhe, Skier, Schlittschuhe, Schlitten
  Beispiellösung: Rollschuhe kann man nicht im Schnee verwenden.

Das passt noch

Elfriede und die Rollschuhe

Es war einmal eine kleine Stadt,
in der Elfriede ein Häuschen hat.
Elfriede ist nun sechzig Jahr,
sie hat blaue Augen und schneeweißes Haar.

Im Flur, da steht ein alter Schrank
und heute ist Zeit, sie ist voller Dank,
will nun endlich mal Ordnung machen,
was soll sie auch mit den ganzen Sachen?

Mit all den Sachen aus anderen Zeiten,
sie sollen sie nun nicht länger begleiten.
Sie öffnet den Schrank und fängt auch schon an,
sie sortiert alles aus, was sie nur kann.

Der Raum, der nun bleibt, ist in ihrem Sinne,
doch dann beim Räumen, hält sie plötzliche inne.
Sie wusste gar nicht, dass die noch dort sind,
wie hat sie sie geliebt, schon damals als Kind.

Die Schuhe mit den vier Rollen darunter,
erinnern sie an sich als Kind, froh und munter.
Und später dann wieder als junge Frau,
rollte sie durch die Straßen, zielgenau.

Ob sie es noch könnte in heutiger Zeit,
ein kleines Stückchen, nicht ganz so weit?
Ist sie dafür nicht schon lange zu alt?
Ist die Straße geeignet, ist es zu kalt?

Elfriede hört auf zu philosophieren,
um es zu erfahren, muss sie es probieren.
Sie rafft sich auf, sammelt ihren Mut,
denkt sich: Na los, das wird bestimmt gut.

Sie zieht die Rollschuhe aufgeregt an,
ist erstaunt, dass sie noch fahren kann.
Ein bisschen wacklig am Anfang, doch dann zischt sie los,
dreht eine Runde, nicht klein, sondern groß.

Sie hört die Menschen reden und raunen,
sie sieht die Leute, die gucken und staunen.
Sie lächeln und winken ihr aufmunternd zu,
sie fährt durch die Straßen im Städtchen im Nu.

Die Straßen sind toll und es ist gar nicht kalt,
für diesen Spaß ist sie lang nicht zu alt.
Wie schön, denkt Elfriede, man muss sich was trauen,
und nicht immer nur auf das Alter schauen.

Rosen

Der Rosenbogen

Sie galt als die Königin. Die Schönste. Die Bezauberndste. Hans war verzaubert von ihrem Antlitz. Er stand im Garten unter dem großen Rosenbogen und betrachtete die Schönheit seiner Schützlinge. Die Blüten sahen aus wie gemalt. In einem so tiefen und dunklen Rot, dass es abends fast schwarz erschien. Er spürte eine wundervolle Dankbarkeit. Dankbarkeit dafür, wie sehr sich die Mühe und die Umsicht gelohnt hatten, mit der er die Rosen beim Wachsen begleitet hatte. Jedem Trieb hatte er eigenhändig und vorsichtig den Weg um den Rosenbogen gezeigt. Jede Blüte mit Argusaugen vor Schädlingen beschützt. Jedes Tröpfchen Wasser mit Fürsorge hingegossen. Es blieb einfach ein Wunder der Natur. Ein Wunder, an dem er sich erfreuen durfte.

Gesprächsimpulse

- Welche Rosen mögen Sie? Mit gefüllter oder ungefüllter Blüte? Als Strauch, im Beet oder als Kletterrose? Welche Farben gefallen Ihnen bei Rosen am besten?

- Hatten Sie früher einen Garten? Gab es Pflanzen, um die Sie sich besonders und auch gerne gekümmert haben? Welche Pflanzen waren das? Warum gerade diese Pflanzen? Haben Sie sich sehr gefreut, wenn die Pflanzen gut gewachsen sind und gesund waren?

- Zu welchen Anlässen haben Sie in Ihrem Leben Rosen geschenkt bekommen? Wann und an wen haben Sie selbst Rosen verschenkt?

- Rosen gelten als besonders schöne Blumen. Rote Rosen sind ein Symbol für Liebe und Leidenschaft. Welchen Menschen sind Sie in Ihrem Leben begegnet, die Sie besonders schön fanden? Können Sie beschreiben, warum Sie diese Menschen schön finden?

- Für was sind Sie in Ihrem Leben dankbar? Welche Augenblicke haben Sie eine besondere Dankbarkeit spüren lassen? Für welche Wegbegleiter sind Sie dankbar?

Wussten Sie das?

- Rosen wurden schon vor ungefähr 5000 Jahren in China gezüchtet. Dort wurden sie als Nahrungsmittel verwendet.
- Der Begriff „Königin der Blumen“ wurde bereits 600 Jahre v. Chr. von der griechischen Dichterin Sappho verwendet.
- Die Liebesgöttin Aphrodite wird häufig mit Rosen dargestellt. Diese Verknüpfung hat wahrscheinlich dazu beigetragen, dass Rosen zum Symbol der Liebe geworden sind.
- Kaiserin Josephine, die Ehefrau von Napoleon Bonaparte, war bekannt für ihre Liebe zu Rosen. Sie baute 250 verschiedene Rosenarten an.
- Heute gibt es mehr als 30 000 Rosenarten.

Rätselideen

Satz mit Wörtern bilden

Bitten Sie die Teilnehmenden, einen Satz zu bilden, der die folgenden drei Wörter beinhaltet. Wenn Sie die Übung leichter gestalten möchten, geben Sie nur zwei Wörter oder ein Wort vor.

Rosen – Liebe – Hochzeit

Dinge, die rot sind

Rote Rosen sind ein Symbol für die Liebe. Finden Sie Dinge, die ebenfalls rot sind.
Beispiellösungen: Tomaten, Kirschen, Rotwein, Fliegenpilze, Erdbeeren, Marienkäfer, Stoppschilder, Paprika.

Das passt noch

Poesiealbumverse

So wie die Rosen blühn,
so blühe stets dein Glück.
Und wenn du Rosen siehst,
so denk an mich zurück.

Ein Körbchen voll Rosen, zwei Täubchen dazu,
das Liebste von allen bist nur Du.

Drei Rosen im Korbe,
drei Tulpen dazu,
die schönste der Blumen,
liebe ..., bist Du.

Drei Rosen send ich Dir!
Die erste ist fürs Wohlergehen,
Die zweite ist fürs Wiedersehen,
die dritte aber leise spricht:
„Ich hab Dich lieb, vergiß das nicht!"

Saft

Das Frühstücksgetränk

Julia halbierte die aromatisch duftenden Orangen auf einem Brettchen. Sie nahm die alte Zitruspresse aus Metall und presste eine Orangenhälfte nach der anderen bis zum letzten Tropfen aus. Den Saft sammelte sie in einer geschwungenen Kanne aus Glas. Nach und nach wurde es immer mehr golden leuchtender Saft. Dann war es so weit, die Früchte waren ausgepresst. Julia goss sich ein Glas des süß-säuerlichen Saftes ein. Es war ein belebender Geschmack und sie konnte jeden einzelnen Schluck genießen. Das war ein guter Start in den Tag! Julia war voller Dank für die wertvolle Energie, die ihr der frisch gepresste Orangensaft geschenkt hatte.

Gesprächsimpulse

- Zitrusfrüchte gibt es in vielen Formen. Welche Zitrusfrüchte kennen Sie? Welche Zitrusfrüchte mögen Sie? Welche Zitrusfrüchte mögen Sie nicht?
- Welche Gerichte und Rezepte fallen Ihnen ein, wenn Sie an Zitrusfrüchte denken? Mögen Sie eine Scheibe Zitrone in Ihrem Wasser? Essen Sie gerne Zitrone zu Fisch?
- Aus fast jedem Obst und auch aus vielen Gemüsesorten kann man Saft machen. Welche Säfte mögen Sie gerne? Haben Sie schon mal exotische Säfte probiert? Wenn ja, welche?
- Es gibt viele Fruchtsaftproduzenten. Gibt es Marken, die Ihnen einfallen, wenn Sie an Fruchtsaft denken? Welche?
- Was gibt Ihnen morgens Kraft, um in den Tag zu starten? Gibt es bestimmte Lebensmittel, die bei Ihnen einfach zu einem guten Frühstück dazugehören?

Wussten Sie das?

- Der Fruchtgehalt von Saft muss in Deutschland 100 Prozent betragen. Wenn dem Fruchtsaft weitere Zutaten zugesetzt werden, wie zum Beispiel Zucker, wird er anders genannt. Beispiele für andere Bezeichnungen sind Fruchtnektar und Fruchtsaftgetränk.
- Laut der Deutschen Gesellschaft für Ernährung kann eine Portion Obst pro Tag gelegentlich auch als Saft verzehrt werden.
- Multivitaminsaft wird aus dem Saft von zehn bis zwölf unterschiedlichen Obstsorten hergestellt.

- Im Flugzeug wird wahrscheinlich deshalb so gerne Tomatensaft getrunken, weil sich das Geschmackserlebnis durch den Niederdruck verändert.

- Deutschland ist Fruchtsaftweltmeister. In keinem anderen Land wird so viel Saft getrunken.

Rätselideen

Gegenteile finden

Saft kann viele Eigenschaften haben, finden Sie Gegenteile zu den folgenden Eigenschaften von Säften:

- gesund, süß, flüssig, klebrig, belebend, teuer, beliebt
  Beispiellösungen: gesund – ungesund, süß – sauer, flüssig – fest, klebrig – rutschig, belebend – ermüdend, teuer – günstig, beliebt – unbeliebt.

Buchstabieren

Lassen Sie die Teilnehmenden verschiedene Früchte buchstabieren, aus denen man Saft herstellen kann. Kürzere Wörter sind einfacher zu buchstabieren. Wer besonders fit ist, kann die Wörter auch rückwärts buchstabieren.

Geeignete Beispielwörter: Apfel, Birne, Pflaume, Quitte, Kirsche, Himbeere, Brombeere, Wassermelone, Mirabelle, Aprikose, Kirsche.

Das passt noch

Apfelsaft – schnell gemacht

Die Äpfel hingen an einem Baum,
es waren so viele, man glaubt es kaum.
Die Zeit kam und die Ernte auch,
manch Apfel landete im Bauch.

Die meisten kamen mit nach Haus,
dort gab es jedoch keinen Schmaus,
die Äpfel wurden ohne Naschen
einmal gründlich abgewaschen.

Dann hinein in den Entsafter,
es war ein wirklich sagenhafter.
Dort brauchte es noch etwas Zeit,
dann war der schöne Saft bereit.

Die Flaschen standen sauber bereit,
die Hausfrau verlor keine Zeit.
Der Äpfel waren wirklich froh,
der goldene Saft, er schmeckte so,
dass jeder Mensch ihn gerne trank,
und manch einer ihn gar besang.

Schwalben

Ein neues Zuhause

Anna blickte voller Stolz auf das Haus, das vor ihr lag. Es war nicht groß und doch gehörte es ihr und ihrem Mann. So viel Arbeit und Liebe steckten in den alten Mauern. Gemeinsam hatten sie es gekauft, gemeinsam hatten sie es renoviert. Natürlich hatte es dabei auch unschöne Momente gegeben, Momente, in denen sie stritten, Momente, in denen sie dachten, sie würden es nicht schaffen. Doch jetzt war das Werk vollbracht. Anna genoss die warmen Sonnenstrahlen und schaute einer schlanken, eleganten Schwalbe dabei zu, wie sie mühelos durch die Luft glitt. Irgendwann machte die Schwalbe eine scharfe Kurve, flog auf das Haus zu und steuerte gezielt eine Stelle unter dem Dach an. Da hatten sich wohl nicht nur Anna und ihr Mann ein neues Zuhause eingerichtet. Anna lächelte.

Gesprächsimpulse

- Haben Sie auch schon mal Schwalben beim Flug beobachtet? Wie war das für Sie? Haben Sie schon mal ein Schwalbennest gesehen? Was ist Ihnen aufgefallen?

- Schwalben sind einem Sprichwort nach Boten des Sommers. Woran erkennen Sie, dass der Sommer angefangen hat? Was sind weitere typische Sommerboten?

- Ein Nest bauen, um den Nachwuchs großzuziehen, um eine Familie zu gründen, um sich wohlzufühlen, das machen nicht nur Vögel, sondern auch Menschen. Wie war es für Sie, als Ihre Kinder das „Nest" verlassen haben, als sie ausgezogen sind, um Neues zu erleben? Haben Sie sich für Ihre Kinder gefreut? Vielleicht haben Sie sich auch darüber gefreut, wieder etwas mehr Zeit für sich zu haben? Waren Sie auch ein wenig traurig?

- Schwalben scheinen mühelos durch die Luft zu gleiten. Sie sind zum Fliegen geboren. Gibt es etwas, das Sie in Ihrem Leben schon so oft gemacht haben, dass es Ihnen mühelos vorkommt? Denken Sie dabei auch an die kleinen Aufgaben des Lebens wie Haushaltstätigkeiten oder berufliche Aufgaben.

- Ein Haus zu bauen, ist eine große Aufgabe. Wenn die Aufgabe erledigt ist, entsteht Stolz. Was haben Sie in Ihrem Leben erreicht oder aufgebaut, auf das Sie stolz sind?

Wussten Sie das?

- Schwalbeneltern versorgen ihren Nachwuchs mit Insekten. Bei sechs Schwalbenkindern kommen dabei im Jahr bis zu 250 000 Insekten zusammen.

- Es ist für den Schwalbenschutz sehr wichtig, dass es ausreichend Brutmöglichkeiten gibt und Bauern und Hausbesitzer den Vögeln die Möglichkeit bieten, Nester zu bauen.

- Die Angehörigen von Uferschwalben haben einen eigenen Ruf. So können sich Partner und Jungtiere erkennen.

- 1974 gab es eine große Hilfsaktion vom damaligen Deutschen Bund für Vogelschutz (heute NABU). Als der Winter sehr plötzlich einbrach, wurden mehr als eine Million Schwalben mit Auto, Bahn und Flugzeug nach Italien und Südfrankreich gebracht, um ihr Überleben zu sichern.

Rätselideen

Sprichwort

Es gibt das bekannte Sprichwort „Eine Schwalbe macht noch keinen Sommer“.

- Was bedeutet es?
  Beispiellösungen: Wenn es um Veränderungen geht, gehört dazu meistens mehr als ein einzelner „Vorbote“. Wenn etwas den Anschein erweckt, dass etwas Bestimmtes passieren wird, sollte man noch abwarten, wie sich die Sache entwickelt.

- Welche Sprichwörter und Redewendungen haben eine ähnliche Bedeutung?
  Beispiellösungen: „Du sollst den Tag nicht vor dem Abend loben“, „Man soll das Fell des Bären nicht verteilen, bevor er erlegt ist“, „Man sollte sich nicht zu früh freuen“, „Hinten kackt die Ente“.

Quizfragen

Lesen Sie die Quizfragen vor und lassen Sie die Lösung erraten. Bei fitteren Teilnehmenden müssen Sie bei Frage 1 eventuell keine Lösungsvorschläge nennen, um die Antwort zu erhalten. Wenn es für die Teilnehmenden eher schwierig ist, die Quizfragen zu beantworten, können Sie nur zwei der Lösungsmöglichkeiten nennen und durch Ihre Stimme und Betonung bei der Auswahl der richtigen Lösung helfen.

Was ist ein Schwalbenschwanz?

- Eine Säge
- **Ein Schmetterling (Lösung)**
- Ein Küchengerät

Welche Schwalbenart gibt es nicht?

- **Feuerschwalbe (Lösung)**
- Rauchschwalbe
- Mehlschwalbe

Wie viele Insekten verfüttern Schwalbeneltern in einem Jahr an ihre Kinder?

- 90 000
- 500 000
- **250 000 (Lösung)**

Das passt noch

Weiße Schwalben sah ich fliegen (20. Jahrhundert)

von Stefan George

Weiße Schwalben sah ich fliegen.
Schwalben schnee- und silberweiß.
Sah sie sich im Winde wiegen,
In dem Winde hell und heiß

Bunte Häher sah ich hüpfen.
Papagei und Kolibri
Durch die Wunderbäume schlüpfen
In dem Wald der Tusferi.

Große Raben sah ich flattern.
Dohlen schwarz und dunkelgrau
Nah am Grunde über Nattern
Im verzauberten Gehau.

Schwalben seh ich wieder fliegen.
Schnee- und silberweiße Schar.
Wie sie sich im Winde wiegen
In dem Winde kalt und klar!

Sonne

Die Sonnenbrille

Sie war nicht nur dazu da, um seine Augen zu schützen. Es war auch ein ganz anderes und besonderes Gefühl, wenn er die Sonnenbrille aufhatte. Richard saß in seinem Auto und hatte gerade die getönte Brille aufgesetzt. Sofort fühlte er sich zehn Jahre jünger. Tief in seinem Inneren wusste er natürlich, dass das nicht stimmte. Das Gefühl war trotzdem da. Er schmunzelte und schaute in den Rückspiegel. Die Straße war frei. Die Felder rechts und links lagen im strahlenden Sonnenschein. Die schützende Sonnenbrille ließ ihn die Landschaft bewundern, ohne dass er die Augen zusammenkneifen musste. Die Sonnenbrille machte das Schauen angenehmer. Es war ein schöner Tag. Richard lehnte sich zurück und genoss die herrliche Weite im wunderschönen Sonnenschein.

Gesprächsimpulse

- Die Sonne wärmt nicht nur unsere Umgebung, sie wärmt und erhellt auch unser Gemüt. Sind Sie jemand, dem Sonnenlicht spürbar guttut? Mögen Sie Sonnentage? In welcher Jahreszeit fühlen Sie sich am wohlsten?

- So schön die Sonne auch ist, sie kann unserem Körper schaden, wenn wir ihn nicht vor ihr schützen. Wie haben Ihre Eltern Sie als Kind vor der Sonne geschützt? Wie hat sich das Thema „Sonnenschutz" im Laufe der Zeit verändert? Worauf wird mehr geachtet? Wie ernst nehmen Sie es persönlich mit dem Sonnenschutz?

- Die Sonnenbrille hat sich im Laufe der Jahre als beliebtes Modeaccessoire etabliert. Berühmte Persönlichkeiten nutzten früher oder nutzen heute Sonnenbrillen als ihr Markenzeichen. Darunter sind zum Beispiel Künstler wie Heino, Ray Charles und Bono. Audrey Hepburn trug ein ganz besonderes Modell in „Frühstück bei Tiffany". Was macht für Sie den Charme einer Sonnenbrille aus? Wie fühlen Sie sich, wenn Sie eine Sonnenbrille tragen? Machen Sonnenbrillen Menschen attraktiver?

- Eine Sonnenbrille bietet Schutz. Einerseits Schutz vor schädlicher Strahlung für die Augen, andererseits können die Menschen um uns herum weniger gut sehen, wo wir hinschauen – wir halten uns sozusagen bedeckt. Sind Sie ein Mensch, der sich lieber bedeckt und in bestimmten Situationen zurückhält, oder stehen Sie gerne im Mittelpunkt?

- Wenn Sie zurückschauen – in welchen Momenten Ihres Lebens haben Sie sich richtig wohl gefühlt? Welche Menschen haben Sie gerne um sich gehabt?

- Welche Gefühle werden bei Ihnen geweckt, wenn Sie einen Sonnenuntergang oder einen Sonnenaufgang sehen? An was denken Sie? Welche Erinnerungen haben Sie an frühere Erlebnisse dieser Art?

Wussten Sie das?

- Im Inneren der Sonne verschmilzt bei Temperaturen um die 15 Millionen Grad Wasserstoff zu Helium.

- Die Sonne ist nur ein Stern von vielen. Für den Menschen ist die Sonne allerdings der wichtigste Himmelskörper. Ohne die Sonne gäbe es auf der Erde kein Leben.

- Früher gingen die Menschen davon aus, dass die Erde den Mittelpunkt des Sonnensystems bildet. Erst im Jahr 1543 veröffentlichte Kopernikus seine Beobachtung, nach der die Erde sich um die Sonne dreht.

- Die Sonne ist zwar für die Menschen und die anderen Lebewesen auf der Erde etwas ganz Besonderes, aber im Vergleich mit anderen Sternen ist sie eher durchschnittlich.

- Von einer totalen Sonnenfinsternis spricht man, wenn sich der Mond zwischen Sonne und Erde schiebt und die Sonne dadurch verdeckt wird.

Rätselideen

Quizfragen

Lesen Sie die Quizfragen vor und lassen Sie die Lösung erraten. Bei fitteren Teilnehmenden müssen Sie bei Frage 1 eventuell keine Lösungsvorschläge nennen, um die Antwort zu erhalten. Wenn es für die Teilnehmenden eher schwierig ist, die Quizfragen zu beantworten, können Sie nur zwei der Lösungsmöglichkeiten nennen und durch Ihre Stimme und Betonung bei der Auswahl der richtigen Lösung helfen.

Was ist die Sonne?

- Ein Planet
- **Ein Stern (Lösung)**
- Ein Komet

Wie viel größer ist der Durchmesser der Sonne im Vergleich zur Erde?

- **Etwa 110-mal so groß (Lösung; der Durchmesser der Sonne ist 1,4 Millionen Kilometer, der Durchmesser der Erde beträgt ca. 12 742 Kilometer.)**
- Etwa 36-mal so groß
- Etwa 4-mal so groß

Was hat die Sonne?

- Eine Schale
- Einen Stiel
- **Einen Kern (Lösung)**

Zusammengesetzte Wörter

Suchen Sie gemeinsam zusammengesetzte Wörter mit dem Wort „Sonne“.
Beispiellösungen: Sonnenhut, Sonnenbad, Sonnencreme, Sonnenuntergang, Sonnenaufgang, Sonnenbrille, Sonnenstrahlen, Sonnenkind, Sonnenliege, Sonnenplatz, Sonnenschirm.

Das passt noch

Hab Sonne im Herzen (Anfang 20. Jahrhundert)

von Cäsar Otto Hugo Flaischlen

Hab Sonne im Herzen, ob's stürmt oder schneit,
ob Himmel voll Wolken, die Erde voll Streit!
Hab Sonne im Herzen, dann komme, was mag!
Das leuchtet voll Licht dir den dunkelsten Tag!

Hab ein Lied auf den Lippen mit fröhlichem Klang,
und macht auch des Alltags Gedränge dich bang!
Hab ein Lied auf den Lippen, dann komme, was mag!
Das hilft dir verwinden den einsamsten Tag!

Hab ein Wort auch für andre in Sorg' und in Pein
und sag, was dich selber so frohgemut lässt sein:
Hab ein Lied auf den Lippen, verlier nie den Mut,
hab Sonne im Herzen und alles wird gut!

Tomaten

Köstliche Tomaten

Peter wusch die Tomaten aus dem Garten mit kaltem Wasser ab. Der Wasserstrahl traf auf die glatte, leuchtend rote Haut der Tomaten und hinterließ einzelne schimmernde Wassertropfen. Peter nahm ein Messer und legte die erste Tomate auf ein Brettchen. Er schnitt die Frucht in Scheiben. Die Tomaten waren so aromatisch, dass ihm der zarte Geruch des Fruchtfleischs in die Nase stieg. Er legte die Tomatenscheiben auf eine Scheibe gebuttertes Brot. Mit etwas Salz und Pfeffer entfaltete das Tomatenbrot sein volles Geschmackspotenzial. Peter genoss die natürliche Süße der Tomate und den Hauch von Säure gepaart mit der leichten Schärfe des Pfeffers. So köstlich konnte ein einfaches Brot sein.

Gesprächsimpulse

- Mögen Sie Tomaten? Wie essen Sie Tomaten am liebsten? Welche Gerichte mit Tomaten fallen Ihnen ein? Welche Gerichte mit Tomaten haben Sie selbst schon zubereitet?
- Haben Sie schon mal Tomaten angebaut? Tomaten werden häufig gegen Regen geschützt. Haben Sie das bei Ihren Tomaten auch gemacht?
- Welche Formen und Farben können Tomaten haben? Welche Tomatensorten bevorzugen Sie?
- Tomaten kann man mit Pfeffer und Salz genießen. Sie werden auch häufig mit Kräutern kombiniert. Mit welchen Kräutern mögen Sie Tomaten am liebsten? Fallen Ihnen andere Gemüsesorten ein, die Sie mit bestimmten Kräutern besonders gerne essen?

Wussten Sie das?

- Die Tomate gehört botanisch gesehen zu den Beeren.
- Andere Bezeichnungen für Tomaten sind Paradeiser, Paradiesäpfel, Liebesäpfel und Goldäpfel.
- Die Ursprungstomate war nicht rot, sondern gelb. Heute gibt es Tomaten, die auch im reifen Zustand grün sind, weiße Tomaten, orangefarbene, gelbe, braune, schwarzviolette und natürlich rote.
- Im 16. Jahrhundert wurden Tomaten in Europa zunächst als Zierpflanze angebaut, weil die Früchte für giftig gehalten wurden.
- Bei Tomaten werden häufig die Triebe entfernt, die aus den Blattachseln wachsen. Das nennt man „Ausgeizen“.

Rätselideen

Stichworträtsel

Lesen Sie die Stichwörter langsam vor und lassen Sie die Teilnehmenden erraten, welcher Oberbegriff gesucht wird. Tipp: Alle Begriffe kann man mit Tomaten herstellen.

- Nudeln, flüssig, Pizzabelag, Tunke ⇨ **Soße**
- Würzsoße, Zucker, Essig, Pommes ⇨ **Ketchup**
- Schüssel, Gemüse, kalt, zerkleinert ⇨ **Salat**
- Topf, flüssig, Sahnehaube, sämig ⇨ **Suppe**

Verstecktes Wort

Lesen Sie die sieben Wörter jeweils langsam vor und fragen Sie dann, in welchen zwei Wörtern sich das Wort „Rot“ versteckt:

- Rosenheim, Abendb**rot**, Rosenkohl, Ross, Europa, Weizensch**rot**, Baron.

Das passt noch

Es waren einmal Tomaten …

Es waren einmal Tomaten,
die wuchsen in einem Garten,
dann irgendwann war es so weit,
es kam die Erntezeit.

Die Tomaten wurden gepflückt,
einige wurden zerdrückt,
mit Zwiebeln und Kräutern im Topf,
ging's ihnen an den Schopf.

Erst mochten sie nicht, was geschah,
doch irgendwann nahmen sie wahr,
wie wundervoll alles roch,
sie waren bei einem Koch,
der ihnen Aroma entlockte,
der für sie frohlockte.

Sie wurden in Gläser gegossen,
die Gläser wurden verschlossen.
Die Tomatensoße wurde perfekt
und hat am Ende allen geschmeckt.

Zelt

Unterm Stoffdach

Regentropfen prasselten auf das Dach. Ein leichter Sommerregen hatte eingesetzt. Lena lag eingekuschelt in ihrem Schlafsack. Draußen war es schon dunkel. Eine kleine Lampe hüllte das Innere des Zeltes in ein schwaches Licht. Lena fühlte sich wohl. Unter dem schützenden Dach fühlte sie sich sicher und geborgen. Sie hörte den Atem ihres großen Bruders Hannes neben sich. Er war nach dem Hinlegen sofort eingeschlafen. Seine gleichmäßigen Atemzüge schufen ein zusätzliches Gefühl der Sicherheit. Lena schlief zum ersten Mal in einem Zelt. Und auch wenn sie nur im Garten zelteten, fühlte sie sich wie in einem großen Abenteuer. Sie lauschte dem sanften Prasseln der Wassertropfen. Der Sommerregen duftete herrlich. Zufrieden und sicher eingehüllt schloss sie ihre Augen und war schon bald eingeschlafen.

Gesprächsimpulse

- Haben Sie schon einmal in einem Zelt übernachtet? Wenn ja, wie alt waren Sie ungefähr und wo haben Sie übernachtet? Wer war bei Ihnen? Oder waren Sie allein? Erinnern Sie sich daran, wie Sie sich im Zelt gefühlt haben?

- Dunkelheit um uns herum kann uns unsicher machen. Wir sehen schlechter und müssen uns mehr auf unsere anderen Sinne verlassen, zum Beispiel das Hören. Manchmal fühlen wir uns in der Dunkelheit aber auch geborgen und wir können zur Ruhe kommen. Wie fühlen Sie sich in der Dunkelheit? Mögen Sie es in der Nacht lieber „stockdunkel" oder freuen Sie sich über Lichtstreifen, die durch den Rollladen oder die Türspalte ins Zimmer fallen?

- Dem Mädchen in der Geschichte hilft es, ihren Bruder bei sich zu spüren. So fühlt sie sich sicher. Was gibt Ihnen Sicherheit? In welchen Momenten ist es schön, jemanden an Ihrer Seite zu haben? Gibt es Menschen in Ihrem Leben, die Ihnen Sicherheit geben?

- Den Duft von Sommerregen empfinden viele Menschen als angenehm. Oft kommen damit Erinnerungen an vergangene Sommertage zurück. An welche Momente Ihres Lebens denken Sie, wenn Sie den Duft von Sommerregen riechen? Wie fühlen sich diese Erinnerungen an?

- Zelten kann ein Abenteuer sein – für Groß und Klein. An welche Abenteuer in Ihrem Leben erinnern Sie sich? Was waren spannende Momente auf Ihrem Lebensweg? In welchen Augenblicken haben Sie eine besondere Freude empfunden?

Wusssten Sie das?

- In Deutschland waren es zahllose Wandervereine, die als Erstes ihr Herz für das Zelten entdeckten. Die jungen Menschen zogen am Wochenende mit Rucksack und Gitarre in die Natur und zelteten dort.
- Der erste deutsche Wohnwagen wurde 1931 gebaut.
- In den 1970er Jahren nutzten viele junge Menschen umgebaute VW-Busse, um damit zu verreisen.
- Nach dem Zweiten Weltkrieg unterstützten die Alliierten den Bau von Campingplätzen.
- In Deutschland gibt es ungefähr 2800 Campingplätze.

Rätselideen

Buchstabieren

Lassen Sie die Teilnehmenden verschiedene Bestandteile der Zeltausrüstung buchstabieren. Kürzere Wörter sind einfacher zu buchstabieren. Wer fit ist, kann die Wörter auch rückwärts buchstabieren.
Geeignete Beispielwörter: Hering, Zelt, Grill, Tisch, Stuhl, Liege, Kerze, Schnur, Streichhölzer, Abwascheimer, Wäscheklammern, Sonnenschirm, Schlafsack.

Reimwörter

Finden Sie Wörter, die sich auf Zelt reimen.
Beispiellösungen: Welt, Feld, Held, pellt, bellt, fällt, prellt, schellt, Geld, hält.

Das passst noch

Zelt und weg

Schlips und Kragen bleiben zu Haus,
heut fahren wir einmal raus.
Hinaus in die Weite, hinaus in die Welt,
heute schlafen wir mal im Zelt.
Der Aufbau des Zeltes hat seine Tücken,
doch es wird uns, wie immer, am Ende wohl glücken.

Wenn der letzte Hering im Erdreich steckt,
wenn uns nachts das Gewitter weckt,
dann genießen wir Sonne, Regen und Wind,
wir fühlen uns frei, im Herzen ein Kind.

Über die Autorinnen

Natali Mallek ist Dipl.-Sozialpädagogin und Gedächtnistrainerin (BVGT). Sie ist u.a. Gründerin und Autorin der Internetseite „Mal-alt-werden.de“. Ihr Schwerpunkt liegt auf der Aktivierung und Beschäftigung von Seniorinnen und Senioren und Menschen mit Demenz.

Annika Schneider ist examinierte Ergotherapeutin, Autorin und Chefredakteurin der Internetseite „Mal-alt-werden.de“. Sie erstellt Begegnungsangebote, Texte, Materialien und Fachbeiträge für die Begleitung von Seniorinnen und Senioren und Menschen mit Demenz.